Christel Krantz

Derheeme, ein besonderes Jahrbuch

Gedichte, Gedanken und schlesische Geschichten

Christel Krantz

Derheeme, ein besonderes Jahrbuch

Gedichte, Gedanken und schlesische Geschichten

Rediroma-Verlag

Bibliografische Information der Deutschen Nationalbibliothek:
Die Deutsche Nationalbibliothek verzeichnet diese Publikation in der Deutschen Nationalbibliografie; detaillierte bibliografische Daten sind im Internet über http://portal.dnb.de abrufbar.

ISBN 978-3-98527-764-3

Illustrationen:
Umschlag: Paul Glaser, Görlitz, GLASERFOTOGRAFIE
Jahreszeiten: Rafaela Krantz

www.rediroma-verlag.de
9,95 Euro (D)

Inhalt

Mit Gemüse und Blumen wurde das Leben immer bunter, die Lebensleiter rauf und auch mal runter.
Manchmal war's auch „gemeene"
aber was soll's – immer „**derheeme**".

Gewidmet meinen Kindern
Patricia mit Roland
Verena
Meinen vier Enkeln und Urenkeln.

Gehöft in Kunnerwitz bei Görlitz mit Blick zur Landeskrone

Vorwort

Derheeme. Jetzt war sie ein Leben lang „**derheeme**" in Kunnerwitz bei Görlitz.

Natürlich hat sie Reisen unternommen, viel über die Welt gelesen und gehört, aber im Grunde war sie immer und gerne „**derheeme**". Sie hat die Natur, die Menschen und ihre Umwelt beobachtet, sich ihre Gedanken gemacht, sie aufgeschrieben.

Bei Festen bekamen wir als Familie und Freunde Kostproben ihrer Beobachtungen und Gedanken. Wir haben uns köstlich amüsiert.

Nach und nach tauchten auch ihre kleinen Gedichte, Naturbeobachtungen, chronistischen Arbeiten unter dem geistreichen Akronym „ChriKraChro" auf, ebenso wie kleine Spitzen an die Politik oder Reiseberichte darüber, wie es woanders als „**derheeme**" zuging.

Diese Notizen fanden sich auf Kalenderblättern, Notizzetteln und A4-Seiten, hand- und, seltener, schreibmaschinegeschrieben.

Nein, sie hat keinen Beruf erlernt, nicht Karriere gemacht, sie schreibt, dass sie es auch nicht vermisst. Ihre Deutschlehrerin, Inge Bänsch, von der sie auch heute noch dankbar spricht, hat ihre Liebe zu Sprache und Literatur geweckt.

Unsere Mutter war als Kind eine gehorsame Tochter und danach ihr Leben lang die treue Begleiterin unseres Vaters, bis zu seinem Tod im Jahr 2020. Sie hat ihn sprechen lassen, denn was sie zu sagen hatte, hat sie immer wieder aufgeschrieben. Mit Witz, Fantasie und einer herzlichen Wärme, auf hochdeutsch und teilweise auf schlesisch.

Im Juli 2022 hat unsere Mutter ihren 87. Geburtstag gefeiert. Wir finden, dass das, was sie zusammengetragen hat, ein breiteres Publikum verdient. Dieses Buch soll ihr Lebenswerk würdigen, es greifbar machen und auch eine gewisse Chronik ihrer Zeit sein.

Einerseits findet sie den Gedanken gut, andererseits ist sie ganz aufgeregt – kann sie so was überhaupt, ein Buch veröffentlichen? Wir sind der Meinung, sie kann … überzeugen Sie sich selbst.

Wir wünschen viel Spaß bei der Lektüre eines besonderen Jahrbuchs, von vielen Jahren.

Es beginnt im Monat Juli, denn unsere Mutter ist ein Erdbeerkind.

Die Töchter Patricia und Verena

Sommer

Rede zur Feier des 80. Geburtstag im Juli 2015

Ich bin ein Erdbeerkind …

… und wurde am 3. Juli 1935 mittags beim zwölfe-Läuten in Kunnerwitz, im kleinen Gedingehaus der Eltern meines Vetters Ernst Schuster, geboren.

Meine Eltern Richard und Helene nannten mich Hannchen Helene Christel, ich kam elf Jahre nach meinem Bruder Gottfried zur Welt. Er erlangte die stattliche Größe von 1,92 m, lernte Autoschlosser bei der Firma Tesch in Görlitz und ist im April 1945 an der frischen Nehrung gefallen.

Ja, ich ging in die Schule in Kunnerwitz im September 1941. Vorher wurde ich noch im April eingeschult. Ab der 5. Klasse mussten wir dann nach Biesnitz in die erste Oberschule, wo ich dann 1949 meine Schulzeit beendete. Meine Mutter wollte gerne, dass ich was gelernt hätte. Aber mein Vater meinte: „Bleib ok **derheeme**!" Naja, sie hatten nur mich, sich rumgeplagt mit dem Abriss des letzten Strohdach Hauses im Ort, mit verunkrautetem Acker, einer Ziege im Stall, angefangen zu bauen. Durch die Ziege meinte der Bürgermeister, wir wären Selbstversorger und nahm uns die Lebensmittelkarten weg. Bei der Ziege lernte ich das Melken und als der Emailletopf ohne Henkel halb voll war, trat das blöde Vieh in den Topf, die Milch – futsch.

Ich kann mich nicht erinnern, je einen Berufswunsch gehabt zu haben, ich konnte singen und Klavier spielen. Aber im neuen Zuhause gab es kein Klavier. Vielleicht wäre ich ein Star geworden? Da könnt ihr froh sein, dass ich es nicht geworden bin, sonst hättet ihr heute noch Eintritt zahlen müssen.

Von 1949 bis 1952 besuchte ich die Berufsschule in Pfaffendorf, lernte über Ackerbau und Viehzucht.

1948 ernannten der Bürgermeister und der Rat des Kreises meinen Vater zum Standesbeamten, der eigentlich von Beruf Elektriker war und bis zur Einberufung Kraftwagenfahrer bei Landskron in Görlitz war. Ich wurde dann zu den Schreibarbeiten angewiesen, schrieb Urkunden und Eheschließungen in die Formulare.

Es ist nicht so, dass ich nischt gemacht hätte. Nebenbei mit aufs Feld, Mist gebreitet. Am Anfang Getreide abgerafft, Garben gebunden, zu Puppen aufgestellt. Von der Berufsschule wurde ich Schulsekretärin, wo ich dann 1956 meinen „Gurkenzwicker“ kennenlernte, meinen lieben Mann. Ich war sogar Beauftragte für Personenstandswesen und konnte in Vertretung Urkunden unterschreiben. 1958 wurde ich dann Christel Krantz mit „tz“ und unsere Hochzeit wurde mit 60 Personen im Deutschen Haus gefeiert.

Mit Chrysanthemen und Narzissen bereicherte Siegfried unseren Garten. Vorher wurden mit den Eltern meterlange Erdbeerreihen bearbeitet, Frauen zum Pflücken der Früchte halfen mit. Da musste man noch ein Soll erfüllen. Danach konnte dann die Ware frei verkauft werden. Bei den Rindviechern waren es dann die so genannten freien Spitzen. Unser Nachbar meinte dann: „Dar hot sich de Buden vo Erdbieren gebaut.“

1960 kam dann unsere Patricia zur Welt, die Nuppern menten schon: „Na durt wird wull nischt warden.“ Doch es ward. 1963 wurde unsere Verena geboren. Die beiden waren mit in Feld und Garten integriert.

1965 kam das Vieh zur LPG, die Kollektivierung war im Gange. Mein Vater und alle unsere kleinen Dörfer durchlebten seelische Tiefs.

Unsere Gurkenzelte, Remontant-Nelken und Narzissen ließen keine Langeweile aufkommen. Die Eltern halfen noch mit, die Kinder waren Feuer und Flamme. Ich lernte Trabant fahren, mein lieber Mann bestärkte mich, machte mir Mut beim Fahren mit gezogenem Starter, die Tür entschärft beim aus der Garage fahren. Es fällt eben kein Meister vom Himmel.

1976 das Ende vom Standesamt. Es durfte nicht mehr in privaten Räumen stattfinden.

Wo ist die Zeit geblieben? Ich war zehn Jahre, 1945!

70 Jahre sind seitdem vergangen. Die achte Null passt mir überhaupt nicht. Was soll ich machen? Nun haben wir Kinder, zwei nette Schwiegersöhne, Enkelkinder Josefine und Pauline, Lukas und Felix. Fast alle im Doppelpack. Was geht es uns doch gut.

Hoffen wir, dass alle hier in der Runde gesund bleiben und diesen Gruß sende ich zu den Sternen zu unseren Lieben, die uns leider schon verlassen haben und nicht mehr unter uns sind.

Die Uhr der Zeit lässt sich nicht zurückstellen, vorwärts drängt der Zeiger ohne Rast.

Christel,
keine Droge,
lieber Distel.

Drossel, 2001

Pauline saß im Zimmer
und das ist nicht gelogen,
da kam vom Garten her
ne Drossel angeflogen.
Und diese Fensterscheibe,
welch unverhofftes Missgeschick,
brach dem hübschen Vogel
‘s gefiederte Genick.
Nun liegt er da im Grase,
auf weichem Ruhekissen,
wir werden seinen Lobgesang
im Frühling sehr vermissen.

75. Geburtstag Gerhard, August 2001

Lieber Gerhard, ja da guckste,
heute gibt es Ostprodukte!
Zum Geburtstag fiel uns ein,
es muss was von **derheeme** sein.
Und das erste, was dir schmeckt,
ist natürlich Wein und Sekt.
Von Elbe und vom Unstruttal,
ist doch klasse, allemal.
Denn in Schlesien und in Sachsen
bekanntlich auch noch Trauben wachsen.
Ferner sind noch, wie ich seh,
saure Gurken von der Spree.
Und Meerrettich, gerieben zart,
zu vielen Speisen, ganz apart.

Mit Liebe gefertigt, aus Bautzen prompt,
auch noch dieser Mostrich kommt.
Der Eimer reicht ne ganze Weile,
du kannst ihn auch mit Edith teilen.
Und dann noch für das Wohl des Magen,
sollst dich an Wurst und Schinken laben.
Und dass der Kaffee wird nicht alle,
„Rondo“ kommt nun mal aus Halle.
Und wo Genschers Herz und Blut,
da ist auch der Kaffee gut.
Quark und Leinöl ist ein Essen,
beinah hätt ich es vergessen.
Schmiert die Kehle und den Darm,
ei, da wird‘s ums Herze warm.
Den Korb gib dann zu Ediths Händen,
sie kann im Garten ihn verwenden.
Und wenn da nicht – allemal
für deine Sammlung FDP-Material.
Heute sind wir heiter, morgen sind wir froh
und DAS IST GUT SO!

Schmetterling, 2003

Schmetterling, du kleines Ding,
sich in meinem Haar verfing.
Und ich dacht‘ du meine Güte –
bin am End‘ noch eine Blüte!

Kräht der Hahn auf dem Mist, August 2003

Kräht der Hahn auf dem Mist,
weiß man gleich, wie spät es ist.
Doch die Nachbarn gehen und klagen,
können das Krähen nicht vertragen.
Und so wurde kurzerhand
sogar das Federvieh verbannt.
Heut muss gleich ein jeder quengeln,
tut der Landwirt Sense dengeln.
Kikeriki und Mäh und Muh
gehören auf dem Land dazu!
Und wenn es ab und zu mal stinkt,
mein Gott, da wird gerad gedüngt.
In der Stadt stinkt‘s nach Benzin,
wenn ihr sie liebt,
zieht wieder hin!

Christel, 75. Geburtstag, Juli 2010
Alle Gäste bekommen ihren Vers

Bei Blumenkohl und Butterkopf
der übern Winter kommt,
da müsst ihr Manfred fragen,
der weiß die Antwort prompt.
Und wenn es dann im Hause bei Erika gut riecht,
dann hat sie gut gekocht und Manfred Appetit.
Der Dieter J. hat immer
den neuesten Witz parat
und jeden Abend kreiert er
aus dem Garten nen Salat.
Die Lieselotte fühlt sich in der Sauna wohl
und ab und zu da trinkt sie
sogar mal Alkohol.
Der Lukas braucht viel Mut und Kraft
um in das Horn zu blasen
und wenn er Lust und Laune hat,
da mäht er auch den Rasen.
Der Felix ist der Glückliche,
das Schlagzeug er traktiert
und mutig in der Schule
den Lehrer mal moniert.
Die Bruni stellt das Auto
vor der Garage ab
und dann hat sich's erledigt,
es sagt nicht gig noch gag.
Der Glaser, der fiel nachts um,
mit einem lauten Plumps
der Arzt ihm dann bestätigt
sie sind vollkommen gesund.

Der Ernst, der hat viel Ärger
mit den Spatzen nicht – doch mit der Frau,
drum baut er um die Pflanzen
einen großen Drahtverhau.
Der Roland bastelt gerne,
macht alles überlegt
und dann ein Schrei und Scheiße
in den Finger er sich sägt.
Patricia kann nicht schlafen,
bei Vollmond in der Nacht.
Dann hat sie wüste Träume
und die Familie lacht.
In sieben Schuhgeschäften
ist Pauli rungesaust,
es gab zwar keine Schuhe,
hat Pflaster eingekauft.
Wenn Fleisch an einem Knochen,
da geht die Käthe ran,
wenn sie das abgeklaubt hat,
ist wirklich nichts mehr dran.
Undine werkelt gerne als Gärtner in der Flur,
doch grüne Petersilie ist für sie Tortur!
In der Nacht um halber Elfe
kräht der Hahn ein Gott verflucht
und Undine denkt im Stillen,
wär‘ das Vieh doch schon gerupft.
Unsre Gretel, sie strickt Socken
stets für nen guten Zweck,
und essen tut sie vieles,
nur nicht den fetten Speck.
Verena, sie hat meistens Glück,
mit den verlor‘nen Dingen,

den Ausweis und das Handy
kann man zurück ihr bringen.
Der Frank, der kommt aus Leipzig,
wo die meisten arme Leut'.
Kann sich heut satt mal essen
und wird auch gut betreut.
Den Siegfried müsst ihr fragen
über Rente, übern Staat,
da werdet ihr euch wundern,
was er für eine Meinung hat.
Der Helmut sitzt am Staudamm
und sieht den Fischen zu.
Da muss er nicht viel reden
und hat dort seine Ruh.
Der Horst, der baut im Keller
an seiner Eisenbahn,
und die vielen Aktenordner
er kaum noch zählen kann.
Und Inge, auch aus Leipzig,
wer hätte das gedacht,
die hausgemachten Nudeln
sie noch alleine macht.
Die Monika, die hat es
beim Wandern manchmal schwer,
sie kommt den langen Beinen
von Frank nicht hinterher.
Als unser Reiseleiter
ist Helga stets auf Draht,
als erste hat sie immer
die Sitzplätze parat.
Der Siegfried hat am Hals
nen kleinen Reißverschluss.

Nun muss er sagen: „Vorsicht“,
wenn er jetzt kriegt nen Kuss.
Die Margot ist für alle
ein rechter Morgenstern,
der Siegfried und die Rentner
die haben sie alle gern.
Die Ines weiß, wo’s lang geht
und macht nicht viel Gejammer.
Sie hat ein schönes Haus
im sauberen Lauchhammer.
Und unsern Weihnachtsbraten,
den holten wir bei Schneider Hilde.
Jetzt strickt sie warme Socken,
für Freunde und Familie.
Und ich, was soll ich sagen,
ich bin ein Krebs bei Tag und Nacht,
bin immer ganz gehorsam,
was mein Mann sagt, wird gemacht.
Die Pilze und die Beeren,
die wachsen vor Irmgards Haus,
und sonntags brät sie Kassler
dass die Familie schmaust.
Die Josefine trinkt gern Bier
und Sekt noch obendrein
und wenn sie dann nach Görlitz kommt
da kauft sie billig ein.

Unser letzter Urlaubstag, 1970er Jahre

… führte uns ins nahe gelegene Zittauer Gebirge, eine halbe Stunde Autofahrt. Ferienzeit!

Wir beschlossen, nach Oybin zu fahren, und hielten auf dem Parkplatz. Mittagszeit – also, wo essen wir was? An der Ecke gegenüber dem großen FDGB-Komplex – Menschen wegen Kaffee, Bockwurst und Eis. Also hinauf zum Casino – Menschenschlangen, alles überfüllt. Am herrlich bemalten Häuschen gegenüber wurde uns von überfüllten Stühlen zugerufen: „Nur noch Soljanka!“ Als wir diese verschmähten, versuchten wir in der Bahnhof-Mitropa unser Glück und nachdem uns das wohlbekannte weiße Schild „Heute Ruhetag“ entgegenleuchtete, kehrten wir zum Auto zurück.

Auf nach Jonsdorf. Milchbar, Forsthaus – geschlossen, Lindengarten zu.

Mal sehen, wie es in Waltersdorf aussieht. Am Dorfeingang ein herrliches Gasthaus mit Blumenkästen an den Fenstern und hauseigenem Parkplatz. Herrlich! Im Vorraum drängten sich die ewig hungrigen Urlauber, obwohl im Flur ein deutlich geschriebenes Schild, d.h., eine Schultafel oder so etwas, jedenfalls war es eine schwarze Pappe, die auf einer Anhöhe stand und mit ungelenken Schriftzügen aus echter weißer Kreide darauf hindeutete: Küche aus! Da war man wenigstens informiert.

Ein Wegweiser wies uns nach Herrenwalde, lernen wir mal die nähere Umgebung kennen. Es war übrigens Dienstag! Welch idyllisches Plätzchen, hier schien man alles vergessen zu haben. Ein trauriges Rind auf einsamer Wiese, der Weg war zu Ende. Wir kehrten um, denn die kleine Gaststätte hatte Ruhetag, der Dorfkonsum öffnete um 16 Uhr.

Ein wunderbarer Blick zur Lausche und nochmal versuchten wir in Waltersdorf im wohlklingenden „Stadt Wien“ unser Glück. Ab 14 Uhr geschlossen, es war etwa eine Viertelstunde vorher. Im Vorflur türmten sich in einer großen Blechschüssel die Kartoffeln, die nicht von den Gästen verzehrt worden waren, und schauten glasig darein.

Das Küchenkollektiv saß beim wohlverdienten Mittagsmahl und nachdem wir fragten, ob es noch was zu speisen gäbe: „Mer hon fer uns grode no die letzten Kartüffeln zesommengekroatzt.“ Da nahmen wir unsere Kraft zusammen und fuhren nach Zittau in den Stadtkrug, wo man um 14:30 Uhr noch ein herrliches Mittagessen bekam und hinterher nett gefragt wurde, ob es denn geschmeckt habe. Als zufriedene Gäste verließen wir das angenehme Lokal, in dem nach den Motiven des sozialistischen Wettbewerbs gearbeitet wird.

Nun holen wir unsere Campingbeutel hervor und wandern in unser schönes Zittauer Gebirge.

Gartenbank, Silberhochzeit Erna und Fritz, Juni 1981

Das Silber-Brautpaar Erna und Fritz,
es lebe hoch in Kunnerwitz.
Wir schenken euch für alle Zeit
hier eine Sitzgelegenheit.
Lasst des Lebens Sonnenschein
immer eure Freude sein.
Müsst nicht mehr im Garten schwitzen,
sollt jetzt auf der Bank hier sitzen,
freundlich eure Blicke tauschen
und dem Vogelzwitschern lauschen.
Wenn in der Küche „dicke Luft“,
so atmet draußen Blumenduft.
Und zu diesem schönen Zwecke,
hat ein jeder seine Ecke.
Und es wär‘ doch ganz verpicht
wenn man nicht zusammenrückt.
Drückt euch das Holz dann an dem Po,
nehmt euch ein Kissen oder so.
Und wenn alle Banken wanken
Ihr habt Gott sei Dank:
Immer eure eigne Bank.
Und wenn alles Geld verfällt
eure Bank stets zu euch hält.
Geht’s Holz mal aus, die Kohlen teuer,
könnt ihr zum Schluss sie gar verfeuern.
Das macht ihr aber – sapperlot
gewiss in allerletzter Not.
Bleibt zufrieden, glücklich und gesund
die Sonne lach euch jede Stund‘.

Schöner unsere Städte und Dörfer, 1987

Wer hier wartet oder sitzt
oder sich vor Regen schützt
oder in gesll'ger Runde,
macht ne kleine Schwätzerstunde,
wer hier raucht und wer hier küsst,
all das kein Verbrechen ist!
Doch die Kippen, Schachteln und Papier
sind nun wirklich keine Zier!
Muss das Zeug denn liegen bleiben
und der Wind es mit sich treiben?
Und wem Gefahr'n im Darme lauern,
der muss sich doch nicht hierher kauern!
Das ist wirklich allerhand,
was man hier schon alles fand!
Im trauten Heim, im eignen Nest,
man auch nicht alles fallen lässt.
Drum denket dran, dass solche Sachen
dem Kehrer keine Freude machen!!!

Ausghängt im Kunnerwitzer Bushäuschen

Spätsommer, August 2011

Auf langem Stängel weht im Wind,
der Malve letzte Blüte
Ich schaue zu und führe mir
den Sommer zu Gemüte.

In die blühende Linde,
kam die Biene mit dem Kinde.
Sie wollten nur naschen
und füllten die Taschen.
Vollbeladen,
mit gelben Waden,
schafften sie es zu des Imkers Waben.

Ebereschen leuchten rot.
An der Wiesen Ackergrenze
zieht der Winter dann ins Land.
Futterplatz für Seidenschwänze.

Die Linde zählt kein Blättchen mehr
und ein Gast, der Eichelhäher,
macht sich krächzend aus dem Staube.
Aufgescheucht die wilde Taube,
was für ein Gezeter,
unterm Baum ruht Kater Peter.
Diese Vögel, ein Getue;
Von eins bis drei ist Mittagsruhe!

Wildgänse ziehen schrill durch graue Nebelschleier,
hin zu grünen Saaten
und schmausen da.
Der Bauer ruft entsetzt, oh weia!

Klode, 2014

In Wernigerode
da hing eine Klode.
Verlassen am Baum
hegt sie noch den Traum,
dass man sie verzehrt
doch sie war nicht begehrt,
weil in ihr die Made
und das war schade!
sie fiel in den Dreck und war einfach weg.

Geschrieben stand, Sommer 2021

Geschrieben stand: Eins acht neun sieben (1897)
Wo ist die Mauer nur geblieben?
Von Klinkersteinen gelb und rot
sie immer noch den Blickfang bot.
Der Anblick ist nun nicht grad schön,
wo Melden und viel Unkraut steh‘n.
Wie sagt man, das lass Hugo walten
sie hätte ein Leben noch gehalten.

Herbst

Herbstzeitlose, Oktober 2001

Unauffällig gaukelt, blass und fahl,
auf dünnem Stiel die Herbstzeitlose,
neben ihr steht starr und steif
auch ohne Blatt die rote Rose.
Nun steh'n sie beide abgewrackt,
im Grunde sind sie beide nackt.
Doch weil sie nun mal Blumen sind,
hängt sie kein Mann in seinen Spind.

Dicke Bohnen liegen schillernd bunt
in der weichen grünen Hülle,
sind sie erst gegessen,
dann ist's vorbei mit ihrer Stille!

Der Rittersporn mit letzter Blüte
gaukelt wild im Südwestwind.
Neben ihm die Balsamine
rosig noch, wie Babys sind.
Der Rittersporn meint, er kann wurzeln
und du wirst auf den Kompost purzeln.

Gänseblümchen gucken kess,
aus des Herbstwinds bunten Blättern,
selbst der Schnee im Winter
kann sie nicht mal zerschmettern.

Ein kleines Veilchen guckt verlassen
im Oktober aus der Terrasse dunklen Platten.
Und es überlegt ganz kurz
ob wir schon den Frühling hatten.

70. Geburtstag Vater Richard, November 1970

Weil mer olle su schiene beisommen seun, do willch euch amol ane Geschichte erzahln!

Om 14. November eim Joahre 1900 is kunnde o a poar Tage später sein, do setzte jemand a Versel ei de Zeitung: „Beim Lange Gustav hurra, da ist ein kleiner Blechspucker da!“ Nu, sie hießen dan kleen Matz „Richard“. Und de Eltern, man muss schon soin, de hoatten dozemals o schon Ohnung ei’s Friehbeet zu sah’n, wie man frieher su soite.

Der kleene Kerl, ar wuchs au mit uf und mit fünf Joahn, do musst ar schun ei de Schule giehn. Frie, eh de Mahlsuppe ne fertch woar, eher ging ar ne übern Goarten. Und ei der Schulpause, do rannt ar flink hem und hultch die Schulschnitte und anne sauer Gurke. Mit Larn ei doar Schule do noams der Kanter oh su genau, denn Richard kunnde gut singen und blosen, uff dar Trompete natürlich. Doas hutt’n der Voater beigebrucht. Ar wurde grießer und bei olledam toat ar sich ver de Rechnerei interessieren, wenn de Mutter uf’n Morkde woar. Ar hutt o Zugang zu der Recherkammer und durt krompfte ar sich monchmol anne gerecherte Laberwurscht. Denn su ville kritgten se **derheeme** o ne uf de Hoken. Schwartelbriehe und Aparnmauke und umgekehrt.

Is oarbeten musst ar schun zeitch larn. Bein Kantor ging ar Schuhe putzen und do musst ar o siehr sporsam mit der Wichse umgiehn. Emoal in die Schmiere tunken und fünfmol aufs Bürschtel spucken.

Vum Summer bis zum Winter, do goabs nischt andersch oa de Beene, als Hulzloatschen. Und beem Flageldreschen eim Winter, do wurde schnell amool uf Hulzloatschen de Kiehgosse runder geschindert. Aber der Voater tot immer zu zeitig wieder ruffen.

Nu kruch ar überall rim und da toat en o alls interessieren, und doderbei, wie der Vater und de Mutter toaten is Scheißluch ausräum, do fiel ar ebn aus Versahn Hols über Kupp, rei in die Brühe. Der Vaoter hultn raus, hoaten schien oabgekroatzt und gewaschen hoam'sen globch oh.

A Feiertag woarsch, wenn Griendunsch (Gründonnerstag) koam und se kriegten a efaches gekochtes Hühnerei. Und Suntsch bruchte de Mutter amoal anne Sammel ufn Tisch und Kakau derzu. Aber s worn o bloß de Scholen, diede ausgekocht woarn. Richard oaß schun immer garne Butter aber wenn ar dernoach langte, klupptn der Voater uff de Pfuten. Doas war verbuden.

Zer Kunfirmation do krigt ar de erschten Schuhe und die wurden o glei zwee Nummern grißer gekeeft, do sullde globch der Bruder o no Ploatz drinne hoam.

De Zeit woar gekummn und ar sullde woas larn und ver allen woas verdien. Ar larnte Strippenzieher, also Elektriker und dar Vater meente, doas wern Faultiere. Nu, do kann man getelter Meinung seun.

Ar hutsch ganz gut furtgefungen ei dar Branche und koam ei dar Walt vill rim. Zegoar bei dan feinen Herrschoften durt pucht a oa Wänden rim und toaten zu Lichte verhalfen. Dodarbei do larnt ar su a Stubenkätzel kennen und das wor o glei Liebe ufn erschten Blick. Und doderbei do huttense **derheeme** schu ane andere Fro vern ausgesucht. Aber die mucht ar ne. Ar fuhr mitm Fahrrad über sieben Dörfer, bis ar ebn ei der Heede oagelangt woar. Und man muss soin, durte bei dar zukünftchen Schwiegermutter goabs gutes Assen. Schien gerecherten Schinken, hausbacken Brut. Und Quork und selbergemachten Kase. Doas woar überhaupt ne sei Futter aber durte oaß as. Wenn man de Tochter wullte han, do musste man dan Quork schun assen.

Nu woarn se verheiroat und doas kloppte ols ganz gut. Aber su schien wie heutzetage de jungen Leute hoatnses ne. Mit salbergemachten Schnierschuhn gings früh im viere zer Oarbet no Berzdurf und die Deputatkohlen die brucht ar ein Rucksack mit heem. Ei dar Landskrun Bruaerei do wursch mit dar Oarbet schun firschtlicher. Do goabs a poar Bihm mehr und dauert o ne lange, do hut ar a Auto zesommgesport. Doas war Ufsahn ze domolger Zeit. Ar wullde schun dozemoal garne baun, aber dar Voater, dar war no sporsamer wie dar Obläger und ar ließn efach ne huchkum. Ich meente Richardn!

Nu, doas Labn is au wie anne Klosettbrille – ma macht viel durch.

Ein Kriege do woar ar ei Warschau und durte hut ar ei dar Küche an guden Pusten und toat durte a stottliches Gewicht von 100 Kilo errechen. Aber wie ar dernoch heem koam, do wurd ar immer winger. Nu, da ar ok noch a Strichmannel woar und o nimmer ze jung sult a onfangn ze bauen. Die ale Struhkalumpe, die toat nu ofn worten. Dar Voater meente natürlich, doas dos Struh und doas Lehmgestompe no a Menschenalder aushalden tät. Aber do ward nischte mehr draus. Aufm Flugploatz wor ar rumgekroicht und ei oler Kälde wurdn alle Ziegln abgekroatzt. Und do fings schun verrückt oa. Fu an hohen Gerüste do sterzt er Hals über Kupp runder und hut sich de Rippen oagebrochen und der Neffe meente ei dam Momente: „Onkel, willst an Plins?“ Aber noach Plins woarn ne zu Mute. Abers musst halt weter gihn. Ok ne schlopp machen!

Ei dar Zeit wus Fleesch nu knopp woar, do musst ar sich no oin halben Magen weguperieren lussen. Der Dukter ließn keene Ruhe. Abers s is olls wetergegangen.

Wagen der blöden Frasserei do musst nu anne Ziege ei dan Stoall und noch und noch kommn immer mehr Vierbeiner o de Reihe. Und doas woarn o no sichte sterreschen Böcke. Die eene hulda amoal während der Bauerei ausm Stoalle und die landete mit Richardn ein grußen Holzkosten. Do woarn de Knochen o balde wieder in Gefoahr. Derno tot se o no de Milch aleene saufen.

A poor Joahre druf do keeften se zesommen mit Waltern a Dreirod. Nu, doas war ganz schiene. Aber ar kom mit mit dan drei Rädern dan Berg ne richtch nuf und doas Geschiebe kippte im und natürlich, wie kunnts anderscha sein, uf Richardn sein Orm. Nu ging de Molastche wieder lus. Dos toat o garne richtch heelen und zu guder Letzt do kluppten sen o an Noil ein Orm. Und doas hält bis heute.

Bei dar vielen Oarbeeterei hut ars nu ne geschofft, dass seine Finger egol lang wurden. Und fitzsch, wie ar immer is, do sägt ar sich o dar Kreissäge o no die Finger ob.

Woas su ei 70 Joahrn alls possiert. Do koan ma sich schun no uf woas gefasst machen. Ein Herbste, es ging hundemäßch dar Sturm, do musst ar o no uf a Plaumnboom klattern und wie ar noch dan Dingern langte, do rutschte de Leeter ob und plautzdich, do log Richard wieder amol an Ardbudn. Ar kunntch kaum riehrn und zum Glick woarn de Knuchen o no olle ganz. Und ma muß soin, Vater und Mutter hutten ze damolger Zeit gude Woore gemacht. Siche Qualität gibts oller 70 Joahrn bloß emol. Bluß gutt doas is su ist. Denn sunsten kinnt mer heute ne su gemietlich beisommn sitzen. Olle vier Geschwister sein zegor nu so friedlich beisommn und doas will woas heeßen.

De Marta, die immer zu garne tot furtgiehn und nu plogt se egar doas vermaledeite Gelenke eim Knie. De Anna, die muss de Verwandschoft mit Kleedern und ozuziehn versurgen. Nu, und vu dam weißhoorigen Richard, se meenen o monchmol, ar sieht Matern (Hermann Matern) ähnlich, hoat Ihr ja genug gehurt. Und Walter, dar Jüngste o dar Hecke, dar freitch o schun uf de paar Pfenge Rente eim nächsten Joahr und dar möchte o no recht lange laben, denn sunst müssen se de Tuten su uf an Kirchhof stelln.

Aber nu is Schluss! Itze kennt Ihr amol woas derzähln!

Wenn Frauen fahren, 1970er Jahre

Eingesendet an die Zeitschrift „Straßenverkehr"

Jetzt passiert's! Sicher können Sie sich vor Einsendungen nicht retten, aber ich will es trotzdem wagen, aufgemuntert von Ihrem Mitarbeiter Dr. G. Koschlig und natürlich durch meinen Gatten, der mir eigentlich zu diesem Anstoß Mut machte: „Schreib doch mal!"

Nun, was soll man sagen – wenn Frauen fahren.

Sie fahren schon und ich will meinen, bestimmt nicht schlechter als manch männliche Wesen. Nun, was die Technik betrifft, dann kann man schon mal ein Auge zudrücken, denn auch nicht alle Männer können der Defekt-Hexe gleich wirkungsvoll zu Leibe rücken. Bleibt eine Frau jedoch mit dem Fahrzeug auf der Kreuzung stehen, ohne dass sich etwas rührt, ist es auf alle Fälle schlimmer als bei einem Mann.

Was ich in letzter Zeit so beobachtete: Nicht nur die Frauen sind eitel, nein – die Männer auch. Sei kämmen sich sogar während der Fahrt am Steuer, zünden beim langsam fahren ihre Zigarette an. Wo 60 erlaubt ist, fahren sie wie die Schnecken und gucken sich rechts und links die Gegend an, vergessen beim Abbiegen ihre Fahrtrichtung anzuzeigen. Nun mach das mal als Frau! Da hätte man uns schon manches Mal das beliebte Zeichen am Köpfchen gegeben.

Nun, wenn man als Frau schon den Führerschein hat, dann sollte man auch Gebrauch davon machen und nicht nur ans Steuer dürfen, wenn der Gatte ein Bier getrunken hat. Übung macht den Meister. Ich hätte nie geglaubt, dass ich so was lernen könnte. Aber ich habe. Ein idealer Fahrschullehrer, der nie die Ruhe verlor und für jeden Patzer Verständnis hatte, brachte mich dazu, dass ich seit 1962 im Besitz einer

Fahrerlaubnis bin und noch nie bereut habe, eine solche zu besitzen.

Die Anfangsstudien am eigenen Trabant waren furchtbar. Mein Gatte überließ mich selbst dem Trabant: Nun fahr zu! Wenn man auch einige Kilometer mit gezogenem Starter fuhr und plötzlich das Benzin alle war, das hat man nur einmal gemacht. Oder mit geöffneter Tür aus der Garage gefahren, jeder weiß, dass das wohl kaum gut ausgeht. Aber es wurde weitergefahren und ich wurde stets wieder ermuntert. Ein Fahrzeug fuhr mir beim Halten auf die Kofferklappe, einer fuhr mir beim Überholen den linken Kotflügel kaputt. Ich habe geheult und wollte nie mehr fahren. Aber ich musste immer wieder ans Steuer.

Wenn man auch an manchen Tagen direkt Angst zum Fahren hat oder froh ist, wenn man wieder zu Hause in der Garage ist, ich habe es noch nie bereut und könnte es mir gar nicht vorstellen, nicht zu fahren.

Auch bei den Männern kracht es mal beim Schalten oder es wird zu spät zurückgeschaltet, wenn man in die Kurve fährt usw. …

Aber: Der Förster darf im Walde rauchen!

Krähen, November 2002

Schwarze Krähen scharren lustig
auf der Wiese feuchtem Grund
und sie zanken und erheischen
sich so manchen Nahrungsfund.

Graue Nebelschwaden ziehen
über kahlen Acker hin
und ganz plötzlich zeigt sich putzig
unser weißes Hermelin.

Meine Zeit steht in Deinen Händen, November 1989

150. Geburtstag der evangelischen Erlöserkirche zu Kunnerwitz, November 1989

Ein grauer Herbstsonntag, der 5. November 1989. Der schwache Südwestwind bewegt die weithin sichtbare Wetterfahne – mit den Initialen 1839 – des Kirchturms der Erlöserkirche zu Kunnerwitz. Ein Ruheplatz der krächzenden Krähen und kreischenden Turmfalken, deren traurige Rufe über die kahlen Linden des nahen Friedhofs den Herbst und Winter ankünden.

Das 150-jährige Bestehen der, wie es im Heimatkalender von 1942 steht, höchstgelegenen Dorfkirche Schlesiens. Glockengeläut, Orgelklang, ein Posaunenklangkörper, sanfte Stimmen des Kirchenchores huldigen dem herrlichen Bauwerk. Bis auf wenige Plätze ist das Gotteshaus gefüllt. Freude, Wehmut, Trauer zeichnet die vielen andächtigen Gesichter der Gäste, Besucher. Jeder geht seinen eigenen Gedanken nach und lässt sie im Inneren vorüberziehen: Gedanken zu den Worten des Superintendenten Werner, Pfarrer Maders, dem Bischoff und den lieben Gästen der Partnerkirchengemeinde Wilhelmshaven und Ichtershausen. Geschenke werden mit liebevollen Worten überreicht, dem Wunsch entsprechend, dass bald alle Mitglieder der Kirchengemeinde die jahrelange Verbundenheit auch bald persönlich in Anspruch nehmen können. Wolfgang Gäbler bedauerte, dass die Bemühungen zu einer Reise nach Wilhelmshaven zum 120jährigen Bestehen der Kirchengemeinde seitens unserer Behörden auf keinen fruchtbaren Boden fiel. Nun, sicherlich wird es nachgeholt.

Das waren meine Gedanken zu: „Meine Zeit steht in deinen Händen“

am 5. November 1989

ChriKraChro

Wer ist es? Oktober 2003

Ohne Laufsteg, ohne Geld,
ohne diesen Lagerfeld,
von Ost nach West,
von Süd nach Nord,
gesehen wird sie immerfort.
Im Kleid, mal zart, mal dunkles Grün,
des Öfteren sie uns erschien.
Im Herbste jetzt mit bunten Tönen
will sie die Augen uns verwöhnen.
Im Winter liebt sie dann das Weiße,
wenn's frostet, rund um unsre Neiße.
Dann lieben wir sie auch „ganz ohne“,
ja wen denn schon – die „Landeskrone“!

Goldstaub, Oktober 2003 - 2005

In des Herbstes Sonne glänzen Blätter,
verführerisch wie goldener Staub.
Ach, wie würden die Menschen kehren,
aber es ist ja nur das Laub.

Trockne Blätter fallen ohne Sorgen
in den feuchten Nebelmorgen.
Herbstwind feuert sie noch an
und im Frühjahr sind sie wieder dran.

Stare zanken scharenweise
sich um des Birnbaums letzte Früchte
und es dauert nicht mehr lange,
ist auch diese Kost zunichte.

Distelsamen flattert
leise übers Ökoweizenfeld.
Und man fragt sich oft im Stillen
was bringt hier dem Landwirt Geld?

Schafe weiden, fressen, kauen wieder
haben Gott sei Dank ein Fell und kein Gefieder.
Gänse mussten schon beenden,
ihre Zeit im finst‘ren Stall
oder kamen durch die Vogelgrippe
schon vorm Martinstag zu Fall.
Abendsonne färbt den Himmel
hier im Westen rosenrot,
und morgen früh im Osten
alles wieder rötlich loht.

Wunsch eines Kürbis‘, November 2007

Kürbis auf dem Komposthaufen,
wünschte sich, er könnte laufen.
Doch dann denkt er, was für Qualen,
will mich lieber in der Sonne aalen.
Und später ist es mir dann schnuppe,
ob als Kompott ich oder Suppe,
geh durch vieler Menschen Magen
und so will ich auch nicht klagen.

Kurtagebuch Bad Elster, November/Dezember 1985

28.11., Donnerstag
Auf dem Klo in Plauen .... – oh, es riecht gut, oh es riecht fein.

Hier warten wir zwei Stunden auf die Weiterfahrt nach Bad Elster. Wir gehen 2x die Treppen rauf und runter, erst 60 Minuten Verspätung, dann 80 Minuten. Der Calex kommt, um 15:30 Uhr sind wir in Bad Elster. Mit dem Bus abgeholt, das Gepäck wird gebracht, es klappt alles prima. Im Haus Wolff bekommen wir Schlüssel für die Unterkunft. Gehen uns anmelden zum Essen, im Objekt Clara Zetkin, das Abendbrot beginnt. Das Quartier ist herrlich warm, fast zu warm.

29.11., Freitag
Frühstück, alles sehr schön, dann Rundgang in Bad Elster. Im Bade-Café: Verraucht, die Patienten trinken, essen, rauchen wie die Schlote.

Gemüseeintopf und Quarkspeise.

Nachmittags um 15:30 Uhr ins Haus Wolff, da bekommen wir unsere Kurkarte, ein wichtiges Requisit, mit allen Eintragungen, die es nur gibt.

Im „Sorocco“ Kaffee getrunken.

30.11., Sonnabend
Früh um 8:00 Uhr Untersuchung bei der Ärztin. Die Sprechstundenhilfe sieht in mir Christel Cranz von früher.

Wir wandern zur Alm, dann nach Sohl, in die Wildenberg-Schenke, die um 10:00 Uhr öffnet, trinken Kaffee, Glühwein, wandern – das heißt rennen fast, um zum Mittagessen zurechtkommen, es gibt Bratwurst, einen Apfel. Nachmittags Bettruhe, dann gehen wir in den Ort zur Sprungschanze, heben vor einem Haus eine gestürzte Frau auf, die sich die Brille zerbrochen hat. Im Clara Zetkin eine Tasse Kaffee und Saft getrunken, abends dort gesessen, bei Wein, ganz gemütlich.

1.12., Sonntag,
Frühstück, dann Quelle trinken, dann zum Bahnhof Platzkarten bestellt, zurück zum Mittagessen, Roulade, sehr schön. Mittagsruhe, dann spazieren, Mülhausen, Disko von 9:00 – 14:00 Uhr, einen Kaffee getrunken, Papa ein kleines Bier, zum Waldkaffee, Nichtrauchergaststätte. Wieder zurück nach Elster, Karten geschrieben, Abendbrot, herrlichen Schinken, Apfel.

2.12., Montag,
Frühstück 7:30 Uhr, danach trinken wir unsere Quelle. Gehen zur Gymnastik in den Karl-Marx-Hof, die Drehtür ist das schönste an diesem Gebäude. Um 11:00 Uhr gehe ich zur Herzmassage bei einer kräftigen Frau K.. Sie knetet mich im Sitzen durch. Wir essen zu Mittag. Makkaroni auf Mailändische Art, Chinakohl, einen Apfel als Kompott. Nach dem Essen kommt das erste Bad, wozu wir vorher ein Badetuch entliehen haben. Herrlich, 28° Wärme in blauweiß getupftem Raum, ein prickelndes Bad in perlender Kohlensäure, in einer kupfernen Badewanne, nicht Bratpfanne. Eine niedliche Badeschwester in blauweißem Schürzchen erklärt uns Vor- und Werdegang. Nach zehn Minuten: Klingeln, es erleuchtet ein Schild – Bad beendet. Ein Riesenhebel wird nach links gedreht, das Wasser verlässt glucksend die Wanne. Eine halbe Stunde ruhen wir in einem riesigen Raum auf Liegesofas mit Decken und Kissen. Ein zartgrüner Stuckhimmel schaut auf uns hernieder. Herrlich wohltuend, die Ruhe.

14:00 Uhr gehe ich zur Anleitung der Bürstenmassage zum Haus am Berg. Dann endlich gehen wir spazieren zum Fortuna-Café. Delikat: Pfirsichtorte, das Stück 2,25 Mark, herrlicher Kaffee. Anschließend wandern wir einen Rundgang durch den Wald, es ist finster, als wir um 17:00 Uhr im Ort eintreffen. Unterwegs treffen wir fünf Wanderer und zuletzt unseren Wildhüter, der uns begrüßt und wiedererkennt. Abends sitzen wir noch im Clara Zetkin und trinken ein Glas Bier in froher Runde.

3.12., Dienstag
Frühstück, Sport, Quelle trinken, Mittagessen: Schmorfleisch, Bohnen, Pudding mit Schokosoße. Es schmeckt alles vorzüglich. Kurz vor 13.00 Uhr nehmen wir unser Bad im Flügel C. Die Ruhe danach nehmen wir uns zu Hause und schlafen direkt bis 14:30 Uhr. Vorher besuchen wir den eröffneten Weihnachtsmarkt mit einmaligen zu verkaufenden Weihnachtsbäumen. Es riecht nach Schaschlik, Bratwurst, riesiger Kartoffelkuchen wird verkauft. Der Arztvortrag fällt aus, wir gehen Kaffee trinken und spazieren im herrlichen Park um den verschneiten Gondelteich.

17:30 Uhr essen wir Abendbrot und um 19:00 Uhr findet ein Erzgebirgs-Abend im Kurtheater statt, den wir besuchen. Ich schreibe unsere Erlebnisse auf, Siegfried schreibt die erste Karte.

4.12., Mittwoch
gehe ich schon um 7:00 Uhr zur Massage. Dann frühstücken wir. Gehen zur Gymnastik, Papa zur Massage, dann zum Moorsäckchen. Ich hole Papa ab und wir gehen Kaffee trinken in einer Privatkonditorei. Dort sagt eine Kur-Tante, dass Papa eine hübsche Frau hat. Danach gehen wir im herrlichen

Park bis zum Abendbrot spazieren. Mittags schlafe ich besser als in der Nacht. 19:00 Uhr beginnt das Johann-Strauß-Konzert im Kurhaus. Sehr schön. Zu Hause trinken wir eine Flasche Bier, gehen schlafen.

Lotto abgegeben.

5.12., Donnerstag

Wir sind eine Woche hier.

Frühstück, dann Gymnastik, Mittagessen, vorher Quelle trinken. Blut- und Leberwurst mit Sauerkraut, Apfelmus. Nach dem Essen baden im Flügel E, in nichtrostender Wanne, im Badezimmer sind 30°, der Fußboden ist geheizt. Dann gehen wir heim und ruhen. Das Wetter ist herrlich wie im Frühling – Sonnenschein. Wir wandern zur Alm Sohl, essen ein Stück Kirmeskuchen und warten auf eine Tasse Kaffee eine halbe Stunde. Alles ist gerammelt voll – ich meine, die Plätze. Unser Heimgang führt uns durch den Ort, den Park, wir wärmen uns im Clubraum des Heimes Clara Zetkin und trinken ein Glas Bier. Nach dem Abendessen machen wir uns schön fürs Theater und erleben einen wunderschönen Zigeunerbaron. Das Haus ist ausverkauft.

6.12., Freitag

Früh zur Massage, dann frühstücken und 8:15 Uhr zur Ärztin. Ein freundliches Gespräch, 600 g habe ich abgenommen, Vater nicht zugenommen. Mittags Kartoffelsuppe mit Bockwurst, dann trinken wir eine Tasse Kaffee im Zetkin und essen ein Häppchen dazu. Papa geht zum Moorsäckchen, ich gehe heim und schreibe Karten. Keine Mittagsruhe, damit ich nachts besser schlafen kann. Nach 15:00 Uhr beginnen wir unseren Spaziergang zum Bahnhof Elster, nach Mühlhausen, über den Kirchsteig zurück nach Bad Elster. Abendessen und dann gehen wir ins Kurkonzert. Wassermusik. Der Eintritt ist frei.

7.12., Sonnabend
Frühstück 9:30 Uhr, Gymnastik, Quelle trinken, Kegeln. Papa geht zur Massage, ich schreibe an Reni. Mittagessen Gulasch, Pudding. Mittagsschlaf. Dann gehen wir ins Sorokko nebenan. Da ist es zu schön. Papa trinkt endlich sein geliebtes Wernesgrüner. Ich Kaffee und ein Stückchen Holländerschnitte. Anschließend spazieren im Ort. Abends sitzen wir im Klubraum Zetkin.

8.12., Sonntag
Etwas trübe, ein wenig Regen. Nach dem Frühstück Quelle trinken und wir wandern zum Forsthaus. Weil wir keine Heimgäste sind, bekommen wir kein Bier, keinen Kaffee. Also wandern wir nach Sohl in unsere Wildenberg-Schenke. Da trinken wir Bockbier, Kaffee, Rotwein, Essen um 12:00 Uhr Mittag, ein Steak mit Röstkartoffeln und lernen dort den Bruder von Hans S. mit Frau kennen. Da wandern wir gemeinsam nach Mühlhausen über den Galgenberg nach Remtengrün. Die Turnusgaststätte ist geschlossen, ebenfalls Plauener Spitze. Ein Abstecher nach Adorf, Ortsteil Jugelsburg, eine Konsumgaststätte. Eine Hitze dort, vom riesengroßen Kachelofen. Eine Rentnerbrigade und wir sind die Einzigen, die extra gekochten Kaffee bekommen und herrlichen Stollen. Und zum Finster werden gelangen wir wieder nach Elster. Abends sehen wir uns „Jahreszeiten einer Ehe“ an.

9.12., Montag
Gymnastik, ich gehe allein, Federball spielen. Ich bin total durchschwitzt. So viel habe ich in meinem Leben noch nie transpiriert wie hier. Mittags gibt es Makkaroni mit Jägerschnitzel, Pudding. Dann gehen wir zum Bad und ruhen zu Hause. Nun wird gelaufen und da geht's bis zum Waldcafé. Ich bin k.o.. Abends sitzen wir im Clubraum und schwatzen mit drei Frauen aus dem Bettenhaus.

10.12., Dienstag
Frühstück, um 9:00 Uhr zum Massieren, es wird 10, bis ich fertig bin. Gymnastik verpasse ich, dafür gehe ich mal zum Friseur. Zum Mittagessen bin ich schön frisiert, es regnet. Mittagessen, gebackenen Hering mit Kartoffelbrei, Chinakohl, Pflaumenkompott. Mittagsruhe, dann ins private Café, wir gehen zweimal, weil es hier immer so voll ist. Bis zum Abendbrot spazieren und dann überlegen wir uns noch, zum Schlagerkonzert ins Theater zu gehen. (1 Karte 8,00 M). Zwei Sängerinnen, ein Ansager, dann der alles rausreißende Peter Altmann aus der CSSR mit Schwejk. Anschließend trinken wir noch ein Bier im Clubraum. Vater ist grantig, weil er keinen Schoppen Wein mehr bekam. Was soll's!

11.12., Mittwoch
Nach dem Frühstück, es ist kälter geworden, trinken wir Quelle, viele sind schon abgereist. Ich gehe allein zur Gymnastik, Papa geht massieren und zum Moorsäckchen. Wir ruhen etwas aus und mittags gibt es eine Riesenkrautroulade und Quarkspeise. Es schmeckt immer sehr gut. Dann gehen wir zum Bad. Nach Mittagsruhe, die ich nicht lassen kann, wieder eine Tasse Kaffee trinken im Privatcafé und traben zum Kurkonzert 15:15 Uhr ins Kurhaus. Abendbrot, und um

19:00 Uhr erleben wir das Klingenthaler Akkordeonorchester mit Chor und wunderschönen Darbietungen von Oper, Musical, Volksliedern, und Schlagern mit Mundharmonikaeinlagen. Zu Hause essen wir eine Apfelsine trinken ein Bier – zusammen.

12.12., Donnerstag
Schon wieder! Frühstück, wir trinken eine Tasse Kaffee. Ich gehe zur Massage. Dann trinken wir Quelle, Gymnastik – heute Ballübungen. Bei Lachmanns kaufe ich Apfelsinen, Mandarinen. Jetzt schreibe ich Karten, Papa macht seine Moorkur. Mittags gibt's schon wieder Braten vom Rind mit Bohnen. Es schmeckt herrlich, Kompott von Birnen mit Schokoladensoße. Dann gehen wir baden. Ich muss länger warten, mache keine Mittagsruhe. Um 14:00 Uhr gehen wir nebenan ins Sorokko, Kaffee trinken. Ich esse ein Fuder Schlagsahne, herrlich. Papa trinkt noch ein Glas Sekt. Dann im Sturmschritt zum Bahnhof, Platzkarten abstempeln. Zurück laufen wir langsamer. Abendbrot und anschließend nochmal ins Sorokko, das letzte Mal. Papa trinkt ein Wernesgrüner, ich Pfirsichbowle. Jetzt schreiben wir und vorher drehten wir noch eine Runde durch den Ort. Lotto abgegeben.

13.12., Freitag
Abschlussuntersuchung nach dem Frühstück. Wir warten eine Stunde. Ich habe 300 g zugenommen, Papa 2 kg abgenommen, Gymnastik verpassen wir dadurch. Ich hole einen Karton, wir packen schmutzige Wäsche, gehen baden. Etwas Mittagsruhe. Dann laufen wir nach Jugelsburg, die Gaststätte machte aber erst nach 16:00 Uhr auf. Den steilen Berg nach

Adorf, das Elsterkaffee hat zu. Dann finden wir ein Badekaffee. Dort trinken wir eine Tasse Kaffee, essen etwas Gebäck. Um 16:00 Uhr mit dem Bus nach Elster. Tragen das Paket noch zur Post. Nach dem Abendessen gehen wir ins Kurhaus zum Farbfilmvortrag über Naturschutz. Sehr schön. Zu Hause trinken wir Saft, essen Mandarinen, raten Rätsel.

14.12. Sonnabend
Frei. Nur Gymnastik, Quelle trinken. Dann ruhen wir bis zum Mittagessen. Bratwurst, Kartoffeln, Sauerkraut, Apfelsine. Keine Mittagsruhe. Mit S. und Botschafter nach Arnsgrün zum Weißen Rössel, welches nicht geöffnet war. Zum Badekaffee nach Adorf gelaufen, geschlossen. Im Elstertal Kaffee getrunken, Cognac, jeder einen, Quarktorte, Stollen, Ganz gemütlich. Und zu Fuß nach Bad Elster. Im Zetkin ein Glas Bier getrunken, Abendbrot, jetzt ruhen wir, ich schreibe, Papa schnurchelt bei Klimpermusik im Radio. 6:20 Uhr wieder Erdbeben! Karte von Patricia.

15.12., Sonntag
Trübe, Nebel, Vormittag leichter Regen. Frühstück, dann Quelle trinken, Spaziergang vorgesehen. Wir wandern den Rundweg – zwei Stunden, mit einer jungen Frau aus dem Haus. Mittags gibt es Kaninchen, Rotkraut, Apfelsine. Mittagsruhe. Ich kann nicht schlafen. Nach 14:00 Uhr ins Café Schindel, dann bummeln wir durch die Stadt, die Geschäfte sind offen.

Abendbrot, wir gehen mit ins Wismut ein Bier trinken, sehr schön.

16.12., Montag

Regnerisch, 8°, das letzte Mal Gymnastik, wir spielen mit acht Mann Federball, Papa ist beim Moor, vorher gehen wir Quelle trinken. Mittags Reis mit Gulasch, Kompott. Unser letztes Kohlensäurebad, geben danach die Handtücher ab, den Koffertransportschein. Nach der Mittagsruhe gehen wir ins Wismut, Kaffee trinken, ein Glas Sekt hinterher. Und abends nochmals mit dem Leipziger, Sonneberger und Herbert ins Wismut Bier trinken. Sehr schön.

17.12., Dienstag

Am ganzen Tag Regen. Früh massieren. Mir ist nicht gut. Vormittag das Trinkglas abgegeben. Im Badecafé Kaffee getrunken. Ich gehe nicht frühstücken. Siegfried bringt mir zwei Schnitten mit. Um 11:00 Uhr gehen wir schon essen. Die Zeiten sind verändert, alles reist ab, die Gaststätten sind geschlossen. Mittags gibt's herrlichen Karpfen, Kompott. Mittagsruhe dann Kaffee trinken, spazieren bei Regen!

Um 16 Uhr Papiere holen. 17:00 Uhr Abendbrot, wir sitzen rum, die Kantine ist schon geschlossen. Wir gehen nochmal ins Wismut, ein Bier trinken. Alle sind müde, wir gehen heim ins Quartier, packen unsere Koffer, das heißt, Papa. Es regnet noch.

Auf Wiedersehen, Bad Elster!

Alte Gack[1], Oktober/November 2006, 2007

Im Gänsemarsch geht's Federvieh
noch schnatternd auf der Weiden,
doch bald kommt dieser Martinstag,
da geht es los, das Leiden.

Der Wind rauscht in den Föhren,
wer will es ihm verwehren?
Und all die langen Nadeln
sind nichts, um einzufadeln.
Drum sind sie auch nicht zu gebrauchen,
landen auf dem Komposthaufen.

Frischer Schnee kam in der Nacht,
gradewegs zum Martinstag.
Und das führte Knall auf Fall
alle Schafe in den Stall.

Braune trockne Blätter tanzen
Schlittschuh über eisverharschten Schnee.
Doch von der gestrengen Jury
weit und breit ich keinen seh'.

Eichelhäher sucht in den Kiefernzapfen
hektisch sich sein Mittagsmahl,
denn in diesem kalten Winter
ist der Küchenzettel schmal

---

[1] alte Gack – Schneekoppe im Volksmund

Krähen krächzen aufgeregt
auf den kahlen Bäumen,
während wir ganz sehnsuchtsvoll
von der Sonne träumen.
Grauer Nebel wallet schwer
um die Kirchturmspitze,
Schleiereule stört das nicht
in der Mauerritze.
Wenn die Wetterfahne zeigt
mit dem Wind nach Osten,
sie alleine kann den Blick,
zu der „alten Gack“ auskosten.

Sauerkraut, Oktober 2010

Hier lieg ich nun der Kreuz die Quere,
in diesem kleinen Topf und gäre,
gedrückt gestampft und eingeschichtet,
mit Salz vermischt und zugerichtet.
Es schwabert nun mit voller Kraft
aus meinem Topf der saure Saft.
Und wenn sechs Wochen dann vergangen,
da kannst du schon mal nach mir langen.
Und achte drauf, dass du es sehe,
in meinem Deckel stets das Wasser stehe.
So grüßt dich heuer ganz vertraut,
aus Kunnerwitz das Sauerkraut.

Gedanken der Stadthalle, Herbst 2020

Ich bin die Halle von der Stadt,
und hab‘ das Warten langsam satt!
Bin eingestürzt im Jahre 1912
es war wohl gerade kurz vor elf.
Vielleicht wär‘s besser mir beschieden,
ich wäre einfach liegen geblieben.
Meine Trümmer wurden gelichtet
mit Mühsal wieder aufgeschichtet.
30 Jahre nach der Wende
und für mich noch immer kein Ende.
Räte, Gönner und Sponsoren
waren für mich auserkoren.
Alle kämpften unverdrossen,
viel Geld die Neiß‘ herabgeflossen.
Ein kleiner Teil ist wohl errichtet
doch mein Körper ist vernichtet.
Mutterseelen ganz alleine,
denn mir fehlen Körper, Arme, Beine.
Was nützt mir denn der Jugendstil,
wenn all mein Inneres zerfiel?
Die Laune ist mir fast verdorben,
ach, wär ich doch als kleines Kind verstorben.
Mir fehlen einfach Glanz und Glimmer,
die Orgel hör ich schon lange nimmer.
Gott sei Dank ein seliger Pate und kein Minister,
bedient zuweilen ihre Register.
Und auch an‘s Kaufhaus denk ich viel,
es gehört ja auch zu meinem „Stil“!
Dafür gab‘s ebenso Gemecker,
zum Glück gibt‘ auch noch den Herrn Stöcker.

Ich wäre dann wie alle Görlitzer froh,
wir hätten wieder ein KA-DE-O!

Frau Christel Krantz aus Kunnerwitz, Görlitz,
eingesendet an die Redaktion der Sächsischen Zeitung (2022)

Winter

Eingaben, 1985

VEB Vowotex Plauen / Werk III
9708 Treuen
Betr.: Bettwäsche „Extravagant“ mit Bordüre

Vor zwei Jahren bekamen wir Bettwäsche Ihrer Firma zur Silberhochzeit geschenkt, die ich in diesem Jahr in Gebrauch nahm.

Nun habe ich mich gefragt, was Sie da für teures Geld zusammengeschnitten haben. Als erstes nahm ich sie für Steppdecken. Die Bezüge passten nicht hin noch her. Die Kopfkissen kullerten nach den alten Maßeinheiten. Die Länge der Bezüge reicht ja aus aber in der Breite fehlen zehn Zentimeter. 128 x 200 ist angegeben, aber diese sind eben nur 118 x 200. Wo haben Sie diese 10 cm gelassen? Die Kopfkissen messen 58 x 78,9. Nach uralten Maßen waren sie 75 x 80 oder 80 x 80. Nach zweimal überziehen musste ich die Knopfleiste nachnähen, zwei Knopflöcher sind schon ausgerissen, weil sie zu weit an der Kante angebracht sind.

Sicher haben Sie dafür eine Erklärung und diese zu erfahren würde sich ganz sehr freuen

Christel Krantz,
Hausfrau aus Kunnerwitz an der Landeskrone.

VEB Feinstrupf-Werke - Stammwerk
9166 Thalheim
Betr.: Strumpfhose 1. Wahl, 681966, Gr. 50, 4,4 tex

Zu Ihrem duftigen Blütenmädchen auf der Verpackung wollte ich Sie mal etwas fragen. Nach welchen Maßen fertigen Sie Ihre begehrten Strumpfhosen an? Ich bin oder ich habe eine ganz normale Figur. 1,70 groß, keine Bauchweite oder sonstigen Fettpolster an mir und die gekaufte Strumpfhose passt nicht. Das kann nicht sein! Was sollen denn die Frauen anziehen, die körperlich gewichtig sind?

Im Schritt ist sie viel zu eng, also, die Gefahr des Ausreißens besteht und man fühlt sich wie eingezwängt, also keine angenehmen Trageeigenschaften.

Und bei m50 ist nun Schluss, normalerweise müsste die m94 passen.

Sicher haben Sie für mich Verständnis und ich würde mich freuen, von Ihnen eine diesbezügliche Antwort zu erhalten.

Mit freundlichen Grüßen
Christel Krantz
Hausfrau

Gedenken, 1990er Jahre

Im ehemaligen Stadtpark befindet sich, Nähe des Stadtgutes, rechts vom Bache, ein kunstvoller Gedenkstein (Sandstein), sehr verfallen:
„Denkmal der Liebe“
Dem früh entschlafenen
Carl Edmund Schulz
geb. 12. Januar 1815
- Auf der anderen Seite
gest. 30. Sept. 1835

Neu Laus. Mag. Bd. 14 (1836) Nachrichten, S. 28
Gestorben zu Frankfurt am Main
Carl Edmund Schulz, Student der Camerawissenschaften aus Zittau
Im 21. Jahre, Sohn des verst. Bauing. Theodor Emanuel Schulz

Für Paulines Poesiealbum, 2003

Der Mensch hat dreierlei Wege klug zu handeln:

1. Durch Nachdenken, das ist das Edelste!
2. Durch Nachahmen, das ist das Leichteste. Und
3. Durch Erfahrung, das ist das Bitterste.
   Konfuzius

Die Sehne, 2004

Es sagt die Sehne, wenn ich gähne
und mich dehne,
in meiner Länge,
ich des Öftern Fesseln sprenge.

Enkel, 2005

Die Nachhut sind die Enkel,
der Großeltern ganzer Stolz.
Sie jobben, radeln und studieren,
Soziales, Wirtschaft, Häuser bauen,
da können wir, die Alten,
doch getrost nach vorne schauen.

70. Geburtstag Cousin Siegfried, Dezember 2010

Als Schütze wurde einst geboren,
zum Feiern er heut auserkoren.
Als Siegfried mit dem Namen Lange
ist ihm heute etwas bange,
dass bei dem strengen Winterwetter
auch kommen Nachbarn, Basen, Vetter.
Es war schon kalt, als er geboren
und heut ist wieder es gefroren.
In St. Carolus in Rauschwalde
begann das Leben für ihn balde.
In Markersdorf, in unsrer Mitte,
begannen dann die ersten Schritte.

Doch mit Klavier- und Tubatönen
konnt' er sich wirklich nicht gewöhnen.
In der Schule lernt er schreiben
das sollte auch bis heut so bleiben.
Dann nahm er sich zum Ziele
zu arbeiten in einer Mühle.
Da müssen wir ihm heut noch danken,
die Preise für Brot und Semmeln nicht schwankten.
Und in der heutigen Kunst der Mühle
da gibt's kein Mehl mehr, doch sehr viele
Erinnerungen aufbewahrt
und jetzt viel Gäste mancher Art.
Die 7. Null, das glaube mir,
die ist nicht anders als nach der „Vier".
Dass alles Übel dich verschone,
pedale weiter um die Landeskrone,
dass Margot weiter zu dir hält,
ein Glückspilz bist, auf dieser Welt;
das wünschen dir Potz Donner und Blitz
Die Base Christel und Siegfried
aus Kunnerwitz

Limerick, 2006

An die Sächsische Zeitung, Ressort Kultur – Kennwort: Witz

In Ihrer Zeitung lese ich im „Magazin" gerne Ihre Reimereien, Witze und Anekdoten, rate das Kreuzworträtsel. Nun habe ich selbst mal was gereimt und lege es Ihnen anbei. Mir ist es egal, ob Sie es verwenden können oder nicht. Sicherlich können Sie es lesen.

Christel Krantz

Es fuhr eine Oma
nach Limbach-Oberfrohna.
Auf die Fahrt ganz versessen
hat den Opa vergessen,
der saß noch im Bade und wusch sich gerade
seine müden Beene
und sagte gelassen,
ich bleib **derheeme**!

80. Geburtstag, Cousin Ernst, Januar 2011

Die Martha und der Hermann Schuster
erschufen Ernst August, seht hier das Muster.
80 Jahre sind nun vergangen,
wie hat alles angefangen?
So bodenständig wie er heute
sind nimmer jetzt die jungen Leute.
Zur Schule gehen, in fünf Minuten,
da musste Ernst sich nicht mal sputen.
Und als er Schmerzen dann im Hals,
die Mutter tat ihm jedenfalls
den Speck in Scheiben rundum legen
doch Ernst, der dachte sich hingegen,
was äußerlich damit passiert,
von innen noch viel besser schmiert.
Wie's kommen muss,
kam mit der Zeit auch diese:
Auf Freiersfüßen ging er
nur einmal über die Wiese.
Und mit Gretel ungelogen

hat er das große Los gezogen.
Es war oft nicht einfach, ach und weh,
ein Leben nun in die LPG.
Das Windmühl- und das Pfaffedorfer Feld,
haben andre dann bestellt.
Das kleine Gärtlein dann besessen,
akkurat gepflanzt, genau vermessen.
Die Frohnatur wie je zuvor,
der Ernst singt jahrelang im Chor.
Ob schwitzen muss er oder frieren,
jahrein, jahraus das Wetter aufnotieren.
Und was sich wohl ja auch gehört,
man hat dafür ihn sehr geehrt.
Doch dann auf einmal kam ne Wende,
man setzte diesem Tun ein Ende.
Das ist nun so im Kapitalismus,
was einst gut war – jetzt ist Schluss.
Das sieht man ja beim Kachelmann,
wie auch das Wetter schaden kann.
Und so ist es auf dieser Welt
um unsern Ernst ganz gut bestellt.
Wir wünschen ihm, dass gut er lebt,
die Rente weiter sich erhöht,
bleib lange noch gesund und frisch,
dass weiter fällt was untern Tisch,
darauf woll'n wir einen heben,
wir sind alle noch am Leben.
Wie immer Potz Donner und Blitz
Christel und Siegfried aus City-Kunnerwitz

Herr Ackermann, 2011

Herr Ackermann macht sich vom Acker,
die Bank ist ihm zu heiß,
und nun soll es ein Inder richten –
ob das auch gut geht?
Na, wer weiß!

Berzdorfer See, 28.02.2016

Zur Diskussion über eine Umbenennung des Berzdorfer Sees.

Demokratie, wo ist sie hie?
Ihr Räte auf den Schemelsitzen,
ihr tut mir leid, ihr müsst so schwitzen.
Habt ihr nichts anderes zu tun,
als um den See hier rum zu buh‘n?
Der Ursprung um das Wasserloch
war Grabung unsrer Kohle doch.
Vor 100 Jahren so genommen,
seid ihr noch im Teich geschwommen.
Und wenn die Bürger sich jetzt wehren,
warum soll man sie nicht hören?
Versteh nicht, dass man so besessen,
Berzdorf soll man nicht vergessen.
Und viele denken eh und je,
es ist und bleibt der Berzdorfer See.

Christel Krantz, Kunnerwitz

Abgedruckt in der Sächsischen Zeitung:
„Leserbriefe geben nicht unbedingt die Auffassung der Redaktion wieder. Sie sind die persönliche Meinung der Schreiber.“

Frühling

Linde, April 2003

Du Linde, du Gute,
wie ist dir zumute?
Dein Stamm, der marode,
nun kommst du zu Tode.
Dann ist es geschehen,
kannst nimmermehr wehen,
im Winde vom Westen,
mit knorrenden Ästen,
dem kühlenden Schatten,
den immer wir hatten.
Nun haben wir Reisig, das Holz und die Späne.
Und was habe ich?
Im Auge die Träne!

10.03.2003 den Stock begonnen zu roden.

60. Geburtstag Erna, April 1984

Die Stube einfach und bescheiden,
aufs Feld musst gehen du beizeiten.
Viecher füttern, Apern lesen,
alles, alles ist gewesen.
Und weil die Landeskrone dir verbunden,
da hast du dich dann überwunden
und jahrelang bist unverzagt,
zur Arbeit du dort hochgetrabt.
Hast Sonnabend, Sonntag stets gewillt,
den Ausflüglern den Durst gestillt.
Das war‘n noch Zeiten ohne Frage,

da gab's noch keine Ruhetage.
Da konnt' man tanzen bis zur Nacht,
heut wird um Sechse Schluss gemacht.
Dann winkte dir der Postillion
und viele Jahre bist du schon,
in diesem Wickelei-Betrieb
und alle haben dich dort lieb.
Dann kam noch Fritze in dein Leben,
zur Erdbeerzeit das Jawort geben.
Und fortan ging es nun zu zweit
Bis heut und noch für lange Zeit.
Die Sonne soll dir immer scheinen,
wenn du die Wäsche hängst auf alle Leinen.
Und in dem schönen Bungalow
sollst feiern du noch lange froh.
50 Jahre stand das Haus
und du gabst einen Schmaus,
denn die Verwandtschaft hier zu Hauf,
die wartete doch längst schon drauf.
Erna, bleibe froh und munter
und verliere nie den Mut,
geht es auch manchmal drüber, drunter,
stets wird alles wieder gut.
Selbst der Koch vom hohen Berge
geht bei dir heut noch zu Werke.
Zwei Tage lang kam er zum Kochen,
man hat es bis zum Garten gerochen.
Schaffe fröhlich in dem Hause,
auf der Wiese weiterhin,
denk, es blühen schön die Blumen
und der Fritze schlummert drin.
Nutze jede freie Stunde

für was Schönes auf der Welt,
dass dich die Gesundheit lange
als Nachbarin uns stets erhält.
Drum tanze, dass die Flöte schallt,
mit 60 ist man noch nicht alt.
Hoch soll unsre Erna leben,
Erna, das Geburtstagskind,
Glück und Segen dir alle Zeit beschieden sind.

Spatz und Spätzchen, Frühling 2001

Da sprach das Spätzchen zu seinem Schätzchen,
komm aufs Plätzchen und hol dein Lätzchen
und mach keine Mätzchen,
sonst holt dich das Kätzchen.
Und unter dem Dache
gings richtig zur Sache.
Die Federn, die stoben
und tanzten zu Boden.
Die Liebe, er schwor,
im Abflussrohr.
Dann tschilpen und schwatzen sie nicht minder,
Sei still, sagt er, sonst hörn es die Kinder!

60. Geburtstag Günter R., schlesisch, April 1985

Mer wulln amol zuricke gucken. Is heeßt immer vurwärts Komeraden und ne zurick, aber heute mach mersch imgekehrt. 60 Joahre, doas is anne verflixt lange Zeit, ma konns ruhig soin, su alt wird ke Schwein! 'S is ja o keene Lüge.

Is woar eim Aprille, doas wisst a ja nu olle. Sunst warn ma ne su gemietlich beisommn.

Ne ein kalen Woasser, ne ein Rutwoasser, doas is durt hinge rim, do do wurd unser kräftcher Jubilar zer Welt gebrucht. De Eltern freiten sich, denn su hotten se an Stammhalter und doas woar a Vielfrasser. De Mutter stackt olls ein rei und woas ar ne krigte doas noahm ar sich alleene. Ei dar Bäckerei do hutts ja on Assen ne gefahlt und doas is ja o anne schiene Handlung, die Asserei. Günter kimmerte sich. De Mutter hotte aus Versahn ahne ganze Schissel Bockwirschte hiegestellt und fer Günter woar doas a gefungenes Frassen wie man su soit. Ar machte sichs bequem und legte sich uf de Wiese und toat sich mit dan Würstchen, die olle so schiene oananader gereiht warn bekranzen, ar hängte sich die ellenlange Wirschtkette um an Hoals und schmickte sich dermitte. Doas ruch verführerisch und selbstverständlich musst ar o kusten fu dann Prachtwirschten. Ar oaß ene, zwee und rickte immer weter noach mit dar Leckerei. Ar oaß bis doas Gebommel olle woar.

Und so wurd ar a stoarker Kerle, doas heeßt wieder, denn wuas oas Heiraten ging, do soahs im Günter dünne aus. Do woar ar rank und schlank. Idealfigur tut man heute sprechen. De Mutter hutte o Bedenken, doaß'n de Elfriede richtch versurgen täte, denn wie nu aben Mütter sein, immer besurgt um de Oablager. Auf hochdeutsch – Kinder. Und ganz ein Stillen hutten se o fern Günter schun anne andere Fro oasgesucht, aber wies eim Laben is, wu de Liebe hinfällt. Und's konn jeder sahn, wus droas gewurden is. Doas woar no guder Boden dozumols und do konn sich so mancher a Strefel oabschneiden ei dar heutchen Zeit. Also es wurd geheirot unds Laben ging lus. Richtch, hier ei damn Pfaffendurfe. Vum Schöpstal gings nu ei doas gruße Gebäude, wus heute lauter kleene Parzellche gut hoan. Hier wurde de Irmtraut geborn. Und Günter hutte de Geburt hautnoah miterlabt, **derheeme**. Und ar hut an Kanal vull vo dar Kinderkriegerei, doas heeßt vum miterlaben und do woarsch o derbein geblieben. Ufm Standesoamte woar ar ufgerägt aber an glücklicher Voater.

Eim Durfe do toat ar sich o angagieren ar woar a hoalber Birgermester, denn Günter woar o ei dar Schreiberei a gewandter Kerle und dar Birgermeseter woar glicklich, wenn dar Günter wieder woas organisiert hutte und an guden Bericht weetergoab. Man stieg ein Oasahn und doas is su vill wart. Günter hutte, doas heeßt ar hoat se o heute no, anne musikalische Oader und wenn a Klavier ze sahn woar, do gings lus. Vum Woalzer oagefungen ufwarts, alls spielt ar ohne Noten. War koan doas no heute su ausm Ärmel schittlen, na? Ei dar Kunnerwitzer Windmühle wurd gesungen, a richtger Chor und Günter dirigierte, do wurd noch woas fer de Kultur getoan, heute schreiben mer zeviel derfon.

Günter hutte de Lährerei oagefangen und ar toatch o derzu egnen, aber monchmoal vill ze gut fer die Bande, die nu ei dar Berufsschule ihr Wasen trieb. Doas woar a zesommengewerfeltes Häufel, oas ollen Derfern komn se. Und wo mer heute so gemitlich sitzen, do toaten se Unterricht machen, unter primitivsten Verhältnissen. Aber s' hutte olls sen Reiz, is toat sich olls kultivieren. Günter stieg empor und woard Oberlährer. Ei dar Schule wurde nu umgebaut, doas woar anne Wirgerei, nu, wies heute o no is, wenn de Bauerei lus gieht.

De Fomilie musste vum 1. Stuck eis Undergeschuss ziehn. Und doas musste o schunde plietz platz giehn. Aber s wurde o geschofft, Günter verholf senner Fro immer mit der Ruhe. Wenn ar se o monchmol mit der Ruhe aus dar Ruhe bruchte. Aber ols ging weter. De Schule plotzte nu aus a Näthen und do word nu ei Biesnitz ufm Lönschen Guttte eim Lehrlingsheim de Schule mit eigericht. Aber fer Günter woar doas kene gruße Umstellung, doas zeitche Uffstehen macht'n nischt aus, ar trempelte immer schon zeitch ei dar Stube rim, 's Assen wurd holb rundergewirgt und nu gings lus. Elfriede konn a Lied dervon singen. Aus dar fünf Minuten „Militärschen Pinktlichket“ woarn bei Gütern immer hoalbe Stunden gewoarn. Doas bruchten o vorwärts unds dauerte ne lange, do wurd ar Direktor. Ar hutte au es Zeug derzu. Und ma muss soin, se hoan o ganz schiene zugesetzt, de Nevernstricke sein o monchmoal oagesponnt. De Haare sein nu o balde olle ausgegangn, aber es Herze is immer uffm rechten Flecke gebliebn und doas es die Hauptsache, muss mer soin. Und nu muss ar o noch ei de entgegengesetzte Richtung zer Orbet foahrn. Aber Günter fährt ob's stirmt, ob's schneit, sei Moped is immer zum Greifen nohe. Eh ar de Garage ufgemacht hut und wieder zugewirbelt, do is ar schun ei dam Reichenbach. Ei dam Steengemäuer will ar nu aushoaren, bis ar rüstsch eis Rentenalder kimmt. Ufgeoben is ar ja durte mit seinem Gremium, wie man so soit, gut. Vor ollem sicher oabgeschirmt vu dar Außenwalt, sturmsicher, kiehle eim Sommer, kalt eim Winter, wenn de Kohln olle sein. Derfir is de Strippe vum telefonieren heeß gewurden. Ma huts aber o ne immer leicht ei su ener Funktion, doas kinnt er mer globen.

Reisen, Jahr unbekannt

Herz, was bist du für ein Kracher,
manchmal laut, dann wieder leise,
mit und ohne Herzschrittmacher.
Verstummt das Pochen, dann ist Ruhe
und Zeit für unsre Reiseschuhe.

Eine Reise in den Süden, April 1988

Eine Reise in den Süden ist für viele schick und fein, denn die Görlitzer Verwandten wollen gern bei Tutti sein …
Auf meinem Kalenderblatt steht: P o l i z e i .
20. April, Mittwoch
Ab 13:00 Uhr zum Volkspolizeikreisamt in Görlitz wegen unserer Reise nach Offenburg. Siegfried kommt ganz aufgeregt von Reichenbach, seiner Arbeitsstelle, nach Hause und fragt hastig, ob ich alles habe. Mal sehen.

Wir betreten das Gebäude der VP und reihen uns in die Schlange der Wartenden von Zimmer 6 mit der Aufschrift: „Reisepässe in dringenden Familienangelegenheiten" ein.

Türen gehen auf und zu, ein Kommen und Gehen. Volkspolizisten, unsere Freunde und Helfer, hasten eilig mit Dokumenten hin und her, beim Verlassen innerhalb des Gebäudes die Türen hinter sich zuschließend. Das Publikum ist gemischt, natürlich alles Nicht-Rentner. Jener gibt einen Kommentar, viele sprechen gar nicht, wir auch nicht. Eine halbe Stunde geht dahin, Siegfried kann nicht so lange stehen, er geht raus. Endlich gehen wir zu zweit in das Dienstzimmer.

Ein freundlicher Genosse übergibt uns die Reisepässe, vereinnahmt 10 Mark von uns und wünscht uns mit freundlichem Lächeln und kräftigem Händedruck gute Reise.

Wortlos verlassen wir das Gebäude, fahren zum Bahnhof. Warten wieder am Fahrkartenschalter. Die Fahrkarten werden mit der Hand ausgeschrieben. Ich schreibe einen Scheck aus. Pro Fahrkarte 138,60 Mark. Abends trinken wir beide Sekt auf die Reise.

Donnerstag 21. und Freitag, 22. April 1988
packe ich die Koffer, mache noch dieses und jenes in Haus und Garten und gehe um 17:00 Uhr noch zum Frisör. Um 18:45 Uhr fährt Roland uns zum Bahnhof, der Zug fährt 19:21 Uhr von Görlitz ab. In Leipzig steigen Inge und Horst zu. Platzkarten haben wir auch für 50 Pfennig das Stück. Wir vertreiben uns erst die Zeit mit Erzählen, dann mit Essen und Kaffee trinken. Im Abteil gibt es keine Versorgungseinrichtung. Um 8:00 Uhr früh sind wir endlich in Frankfurt am Main mit zwei Stunden Verspätung angekommen.

Ein Bekannter von Inge bemüht sich um uns, wir steigen in den Intercity ein und sind erst mal wieder beim Sitzen. Der Schaffner in blauer Uniform mit roter Gürtelung überprüft unsere Fahrkarten und erklärt, dass wir 7,00 DM Zuschlag zu zahlen haben. Siegfried bekennt, dass wir kein Geld haben (weil wir schon im März in der BRD waren), und stellt sich stur. Ja, dann müssten wir in Mannheim aussteigen und er würde dem Schaffner Bescheid sagen. Horst bezahlt 14,00 DM für sich und Inge. In Mannheim steigen wir wieder um in den IC „Herkules“ und werden auch als DDR-Bürger herzlich begrüßt und es wird verkündet, dass DDR-Bürger bis Offenburg „zuschlagfrei“ fahren dürfen. Beharrlichkeit führt zum Ziel!

Nach 14-stünidger Fahrzeit gelangen wir gegen 10:30 Uhr in Offenburg an und werden als erstes von Inge, (unserer lieben Cousine der beiden Brüder Krantz), die freudestrahlend auf Horst zugeht, umarmt und begrüßt. Weiter oben stehen erwartungsvoll die große Inge, unsere liebe Tutti und Wolfgang. Das ist ein herzliches Wiedersehen.

Willkommen in Offenburg. Wolfgang bemüht sich um Horst und sie erwirken die Rückzahlung des Intercity-Zuschlages! Wir laufen zu Tutti nach Hause. Richtig, es ist ja Mittag. Es gibt herrliche Nudeln und Salat.

Am Nachmittag laufen wir mit Tante Ruth. Wolfgang fährt das Gepäck zur Wirtin wundermild, Frau Kemp, Weingartenstraße 40. Ein tolles Haus – alles wunderbar. Nachmittags gibt's herrlichen Kaffee und Kuchen, alles schmeckt so gut. Das war also Freitag, der 22. April 1988.

Und nun der Sonnabend, 23. April 1988
Der 80. Geburtstag von Tante Tutti. Ein Trubel! Wir frühstücken mit Tante Ruth und Inge und Horst in der Pension bei Frau Kemp. Dann gehen wir zur Gratulation in die Metzgerstraße 17.

Hier stehen herrliche Blumen von Inge und Adolf und ein bezaubernder roter Rosenstrauß – eine Pracht. Blumen haben wir nun keine.

Die große Inge bereitet einen Imbiss vor, feine Brühe, belegtes Brot, alles lecker und appetitlich. Wir lernen Hans-Joachim kennen, ich hatte ihn mir anders vorgestellt, nicht so ernst. Wolfgang kredenzt einen herrlichen Sekt, Tutti legt eine festliche Platte auf: „Heut ist der Tag des Herrn“. Ich bin so gerührt, muss heulen; wie so oft, wenn ich festliche Klänge vernehme.

Um 14:30 Uhr fahren wir alle nach Durbach, 7 km von Offenburg entfernt, in den „Rebstock“. Wir kommen aus dem Staunen nicht heraus. Ein einzigartiges Fleckchen Erde. Ringsherum von Weinbergen eingebettet, ein Idyll, das uns begeistert. Ich kann mich nicht sattsehen an den gepflegten Gebäuden. Dann gibt's selbstgebackenen Kuchen, Torten aus den geschickten Händen der beiden „Ingen“, Kaffee aus silbernen Kannen, serviert von einer so netten Bedienung „Fräulein Topinambur“ – so haben wir sie im Stillen genannt. Sie fährt jeden Tag 30 km hierher zur Arbeit. Zu Hause haben sie eine Landwirtschaft mit Topinambur-Anbau (eine Art Sonnenblume mit essbaren Knollen) und eine Pension. Ein Mädchen zum Knuddeln nur habe ich beim Sprechen nicht alles verstanden. Abends gibt es herrliches warmes Essen von silbernen angewärmten Platten. Ein Fleisch, das auf der Zunge zergeht, dazu Kroketten und Spätzle, die wir das erste Mal essen. Wir sind begeistert. Hinterher gemischtes Eis mit Früchten. Und ich sehe zu, sehnsüchtig natürlich, wie Ralf es zerfließen lässt. Ein Jammer.

Wolfgang schlägt einen Besuch auf Schloss Staufenberg, einem markgräflich Badischen Weingut in Dubach/Baden vor.

Hier bietet sich ein Blick bis in die Vogesen und als ein blasser heller Streifen im Hintergrund soll der Rhein zu erkennen sein. Wir sehen das erste Mal Weinberge in solchem Ausmaß und an den steilen Hängen denke ich auch gleich an die schwere Arbeit, die damit verbunden ist. Wolfgang lädt uns ein zur Weinprobe, dazu frisches Hörnchen. Alles so unkompliziert, für uns unvorstellbar. Dann schlafen wir hier im Rebstock, das Doppelzimmer für 90,00 DM pro Nacht. So schön wars nicht mal im Interhotel Potsdam. Inge und Adolf müssen leider heim. Adolf verliert hier sein Serviettenkettchen. Schade. Ein ganz netter junger Mann fährt das Auto des Malteser Kreuz.

24. April 1988
Ein Morgen wie im Bilderbuch. Eine Ruhe draußen. Siegfried fängt mit dem Fotoapparat die morgendliche Stille ein, es ist kühl, aber klar, ich nehme alles in mich auf. Die weißen Häuser, alles makellos. Ich verstehe nicht, was die Leute in Mallorca und Teneriffa wollen.

Eine große Familie findet sich am Frühstückstisch ein. Ein kaltes Buffet ist angerichtet. Jeder kann essen, was er möchte. Alles so proper und ohne Makel. Es fehlt nichts und ich esse wieder viel zu viel. Nur gut, dass es nicht auffällt. Danke für alles, Tutti!

Bei strahlendem Sonnenschein machen wir ein Erinnerungsfotovor dem Hotel. Vorher entdeckt die Leipziger Inge das „goldene Klo“, wo auch sie Toilettenfrau spielen würde. Ich habe sowas auch noch nicht gesehen. Überhaupt, was mich überall begeistert hat: Die schönen Straßen, die Häuser, Blumen und – die sauberen Toiletten.

Jedenfalls dieser unterirdische Gang zum Bettenhaus, wo niemand ins Freie zu gehen braucht, unvorstellbar, und diese Aufmachung, die herrlichen Vitrinen mit all dem Geflimmer und den Nippes Sachen. Allzu viel ist auch nicht gut!

Wir fahren wieder zu Tutti. Ursel, Gerhard und Edith fahren wieder heim. Mittags essen wir Reis mit der guten Brühe. Nachmittags gehen wir zu Inge und Adolf in ihr gemütliches Heim, Kaffeetrinken.

Montag, 25.4.1988
Früh nach dem Frühstück geht's in die Stadt. Geld holen. Man kommt sich vor wie ein Bettler. Ein unschönes Gefühl. Auf großen Formularen wird alles bekundet, quittiert und verewigt – aber nehmen tut es jeder. Komisch!

Dann verbringen wir eine Stunde im Reisebüro, um für den nächsten Tag die Formalitäten unseres Ausflugs in den Schwarzwald zu regeln. Mittags gibt es Semmelklöße – herrlich. Jeder Kloß extra eingepackt in Folie, eine famose Sache für die Hausfrau. Dazu herrliches Fleisch vom Geburtstagsbraten. Abends essen wir wieder gute Sachen, unter anderem Wurst, die Dino kriegen sollte. Ich habe dafür gesorgt, dass er sie nicht mehr bekommt. Ein Jammer, so was dem Hund zu geben!

Dienstag, 26.4.1088
Herrlicher Sonnenschein. Wir holen früh wieder mit Ruth Brötchen für 35 Pfennig auf unserem Morgenspaziergang zu Tutti. Bei Hertie unterm Dach – Brötchenbacken zum Zusehen! Unvorstellbar für uns. Und diese Auswahl. Keine Schlangen von Menschen wie bei unseren Bäckern. Jedenfalls meint Ruthchen zu der Verkäuferin, dass die Brötchen hier teurer seien als in Berlin. Da kostet eine Schrippe nur 15 Pfennig und Siegfried meint: Bei uns kostet ein Brötchen nur 5 Pfennig. Und da meinte die Verkäuferin lächelnd: „Und das soll man glauben!" Wir haben gelacht. Die Semmeln haben uns jedoch prima geschmeckt.

Dann fahren wir mit der Eisenbahn nach Triberg in den Schwarzwald, zu Deutschlands längstem Wasserfall. Ein herrliches Stückchen Erde. Tante Trude bleibt im Kurhaus, wir laufen. Hier wurden Ausschnitte zum Fernsehfilm: „Die

Schwarzwaldklinik“ gedreht, nur wir können im „Tal der Ahnungslosen“ so was nicht sehen.

Vorher gehen wir in die „Krone“, ein nettes Lokal, wo uns Tante Ruth zum Bismarck-Hering Essen nach „Hausfrauenart“ einlädt. Die Portion 6,50 DM. Ich esse vor allem die Kartoffeln, weil es ziemlich sauer ist. Die verknöcherte Kronenwirtin sieht prüfend über die Theke, ob auch alle was zu essen haben. Um 17:30 Uhr fahren wir wieder zurück nach Offenburg, ich glaube durch 28 Tunnel. Hier gibt es herrlich duftenden Kaffee für die durstigen Seelen. Ein Labsal für alle. Abends wieder feines Abendbrot mit Geburtstagslachs – eine Schlemmerei!

Mittwoch, 27.4.1988
Es regnet und wir frühstücken wieder alle gemeinsam. Nun geht’s los zum Einkaufsbummel. Bis Mittag. Es gibt so Vieles zu sehen, wir kleiden Siegfried für 100,00 DM ein. Eine Cordhose, die endlich passt.

Mittags gibt’s Rouladen, Kartoffeln, Pfirsichkompott, lecker. Wir gehen noch zu Hans J. ins Geschäft und Siegfried kauft sich ein Kassettengerät. Nachmittag laufen wir nach Fessenbach in den „Bergblick“ Kaffeetrinken. Riedels nehmen Tutti und Inge mit dem Auto mit. Herrlich ist es hier, alles neu gebaut, wunderbar. Bei Erdbeertorte und feinem Kaffee, an herrlich gedeckten Tischen, lassen wir es uns gut gehen. Frau R. tuschelt Tutti was zu und meint, dass sie Inge nichts zum Geburtstag schenken konnte, weil „er“ rumgenörgelt hätte, in der Familie so viel schenken zu müssen. Ich habe es verstanden, trotz ihres Genuschels. Alter Geizkragen! Siegfried macht ihm klar, dass es sich auch im Sozialismus leben lässt.

Abends gehen wir nochmal zu Inge und Adolf, um uns richtig zu verabschieden, ganz lieb.

In der Mittagspause kam Hans-J. noch vorbei und trank einen Kaffee, in dem der Löffel stecken blieb. Am Abend gabs leckere Leberwurst von Hertie für 6,00 DM, die wir rücksichtslos aufgegessen haben. Sie sollte noch Tante Ruth aufs Reisebrot reichen aber daraus wurde natürlich nichts. Eine Gesellschaft ist das! Warum schmeckt das alles so gut?!

Donnerstag, 28. April 1988
Es regnet früh, aber die Zierkirschenbäume blühen in verschwenderischer Fülle, es ist eine Pracht. Das Klima ist milder, südlicher als bei uns. Wir stehen um 7:00 Uhr auf und packen unsere Koffer bei Frau Kemp. Nehmen noch ein kleines Frühstück ein im herrlichen Teppichzimmer mit frischen Blumen – hier siehts aus wie im Museum – und sind in Abschiedsstimmung.

Wir fahren mit Tante Ruth per Taxe zum Bahnhof und stellen dort unsere Koffer ein. Tante Ruth wird verabschiedet. Sie fährt nach Detmold zu ihrer Schwester.

Mit Horst und Inge gehen wir nochmal zu C&A. Mittags gibt es noch Reis mit herrlichem Sahnegulasch, Chicorée und Pfirsichkompott.

Ich darf nicht mehr abwaschen. Um 13:00 Uhr gehen wir los zum Bahnhof, Tante Tutti kommt auch mit, Horst und Inge fahren morgen ab. Eine herzliche Verabschiedung und Umarmung von Tante Tutti und vielen, vielen Dank für die unvergesslichen Tage, auf Wiedersehen Tutti, mach‘s gut, O f f e n b u r g.

Ich winke, bis niemand mehr zu sehen ist. Der Zug rollt und wir fahren nach Karlsruhe zu Makowiaks, dann nach Nürnberg, wo wir um 20:24 Uhr ankommen, bei plus 6 Grad.

Am ersten Mai 1988 sind wir wieder zu Hause.
Guten Tag, K u n n e r w i t z.

Diese Zeilen sind besonders für Inge und Adolf gedacht, damit sie an unseren Erlebnissen teilhaben sollen. Wenn es auch etwas verspätet geschieht, so doch in aller Herzlichkeit von Siegfried und Christel.

60. Geburtstag Siegfried, April 1993

Nun will ich in bewegten Bildern,
das Leben unsres Siegfried schildern.
Des Fritzes und der Lenes Wille,
war, dass das Kind kommt im Aprille.
Er kam zur 33er-Zeit
mit blauen Lippen angeschneit.
De Nabelschnur schlang um den Hals,
so zerrten sie dann jedenfalls,
mit Hieben und mit voller Kraft
hat Siegfried es dann doch geschafft.
Ein Loblied wurde nicht gesungen,
denn er war der dritte Junge.
Nun war er da auf dieser Welt,
wurd‘ nicht gefragt, ob‘s ihm gefällt.
Ein Kindergarten existiert
da wurde er auch hingeführt.
Sie sagten ihm, dort singt man Lieder,
und erst fand er es auch ganz bieder.
Doch dann war's nicht nach seinem Sinn
und keiner kriegt ihn mehr dorthin.
Er stärkte sich, gewann an Mut

und steigerte sich in seiner Wut.
Der Vater wurd‘ vor Entsetzen blass,
als an die Wand er schmiss das Tintenfass.
Die Zeit war hart, das Leben keine Sahne,
der Siegfried kriegte nun mal ne Banane.
Da kam ein großer Hund, oh Schreck,
und die Banane fiel in den Dreck.
Ob’s ihm gefiel nun oder nicht,
in die Schule musst‘ der kleine Wicht.
Sie schubsten ihn der Kreuz der Quer,
von einer Schule hin und her.
Mit Uschi spielt er und verweilte,
jedes Schnittel er mit ihr teilte.
Nun mussten sie vor allen Dingen,
dem Exner Opa Essen bringen.
Da fiel auf einmal, welch ein Graus,
das Essen aus dem Topf heraus.
Und von der Straße unversehrt,
haben sie es wieder zusammengekehrt.
Es kam der Krieg, der Hunger auch,
wie oftmals knurrte ihm der Bauch.
In seiner großen Not
aß er den ganzen Kanten Brot.
Die Mutter tat vor Schreck erbleichen
das sollt‘ die ganze Woche reichen!
Und dass keiner es verhehle,
Siegfried war ne Gärtnerseele.
Bei Otto K. da fing sodann
die Gärtnerlehre für ihn an.
Er wollte lernen,
stets beflissen,
die Karre mit Blumentöpfen hat ihn fast umgerissen.

Den Anzug für den Konfirmanden
hat er sich sehr hart erstanden.
Hat Tabak gepflanzt und stets gegossen,
und das Zeug wuchs unverdrossen.
Wurde groß und abgepellt,
abgetrocknet und zu Geld.
So begann die ganze Schose,
bis er kam zu Jacke und Hose.
Die Steine, die der Vater legt,
die stellten sich ihm in den Weg.
Die Arbeiter- und Bauernmacht,
die hatte sich was ausgedacht,
den jungen Unternehmer-Kindern,
den Fachschulbesuch noch zu verhindern.
Mit viel Geduld und Reden, frommen,
wurd‘ er in Pillnitz angenommen.
Kein BaföG, kein Stipendium,
so ging die karge Zeit herum.
Mit der Klampfe in der Hand
gings ins Mecklenburger Land.
Wo Fuchs und Has‘ sich sagen gute Nacht,
hat man beim Ernteeinsatz sich geschafft.
Sie klotzen ran, sie schafften Norm,
bei Brot und Speck und urigem Korn.
Man hatte doch Hunger und sieh und gucke,
die Fliegen schwammen in mancher Suppe.
Als Geselle fing er dann
bei Gärtner M. die Arbeit an.
Und als es kalt wurd‘ in der Nacht,
hat an die Alpenveilchen er gedacht.
Als Danke dafür
gab der Meister ihm die Stunde eins, vier.

Auch Mädchen gab es, die hingen wie Trauben,
an seinen himmelblauen Augen.
Regina, Melitta und Marianne,
er hatte sie alle in seinem Banne.
Alles Mühen lohnt sich sehr,
nun war er Garten-Ingenieur.
Das Volksgut hier im Unkraut stand,
da kamen drei hier auf das Land.
Sie konnten sich nun nicht verweigern
und sollten die Erträge steigern.
Mit Baldrian und Pfefferminze,
mit Liebstock, rot und weißem Kohl,
so gings bergauf zum eignen Wohl.
Und dann war ich auf dieser Welt,
ich wurd‘ dem Helmut vorgestellt.
Der hatte mich wohl unumwunden
Im „Warentest“ für gut empfunden.
Da ist ein Haus, das ist ein Garten,
da kannst du gleich ins Leben starten.
Und genau so ist‘ gekommen,
viele Jahre sind verronnen.
Ein dreifach hoch dem Jubilar
Glück und Gesundheit immerdar.
Deine Christel

Siegfried sagt … , April 2003

Siegfried sagt
Siegfried sagt: Sippe soll sich sattessen: Sekt, Spätlese, Spirituosen sollen süffig sein.
Siegfried sagt: Sanitätsrat sagt: Schlemmereien, so Sülze, Speck, Spiegeleier, Schweinebraten, Semmeln, seien so schädlich!
Siegfried sagt: Saft, Selters, Schwarztee, Sauerbrot, Sauerkraut, Salate sprengen sofort Schadstoffe.
Siegfried sät: Salat, Spinat, Sellerie. Saatkartoffeln soll seine Süße stecken!
Siegfried sucht: Sommers schattige Stelle. Sonnig sandiger Strand stresst seine Seele.
Siegfried sagt: Sessel sitzen sich schlecht. Stühle sind sesshafter.
Siegfried sagt: Service soll seine sieben Sägen supergünstig schärfen.
Siegfried sagt: Schneider, Sportler, Sesselfurzer sichern sich super Summen!
Siegfried sagt: Schröder soll SPD stärken, Steuern senken, Schwache stützen, Seehofer stürzen.
Siegfried sagt: Silvester siebenundneunzig – Striptease – super Sache!
Siegfried sagt: Scheiß Staat – Schluss!

Natur und Leben, Mai 2003

Atlasseidenglänzend
Hasten Stare wie im Sturm,
über die frisch gemähte Wiese,
zerrend an so manchem Wurm.

Buntspecht lacht und keckert,
schwirrend, setzt sich auf die hohe Lärche.
Fast so hoch wie unsre Kerche.

Blühender Schierling überzieht die Wiese
wie ein Tuch von weißem Linnen,
Rehbock äst in aller Ruhe,
will noch nicht entrinnen.

Maulwurf, dieser Sammetpelz
Schaufelt Haufen, Hügel.
Wundert sich gleich nebenan der Igel:
„Was ist das nur für'n Gewürge!
Bin ich hier in Kunnerwitz
oder im Gebirge?

50. Hochzeitstag Christel und Siegfried, schlesisch, März 2008

Su hutt's oagefangen!

Also, fer 52 Joahr'n gings lus.

Und so wilch an kurzen Überblick gan, denn mer han einge Neuzugänge ei dar Runde, wies zu Stande koam, doaß mer heute oll ei dar gemitlichen Umgäbung beisommen sein. Ich hoffe, doaß er mich verstieht, ich machs heute uf schlessch.

Also irscht amol wird mer geborn. De Eltern hoan uns geschult. Siegfried koam ei Görlitz uf de Walt und die Graupen schun dicke, de Nobelschnur um a Hoals gewirgt – aber se hon gerettet, denn sunst kinnt mer heute ne beisomn sitzen. Und iche koam zer Erdbeerzeit mittags im Zwölfe ei Kunnerwitz oageschneit.

Nu ja, mer wurden ja grießer und erwachsen. Siegfried toat sich fersch Gärtnern interessieren und ar ließ sich o nischt andresch eireden, bei Widdern is doas abn su. Und iche als Krebs, ich will ne behaupten, doaß' immer rückwärts gegange wär. Der Vaoter mente immer: „Bleib ok **derheeme**". Se hotten bloß mich, mei Bruder, dar 11 Joahre älter war wie iche, dan hatte dar Österreicher uffm Gewissen. Nu ja, wir toaten bauern, wie man soite. Bei dar einzjen Ziege mit dar mer oafingen toat ich melken larn. Und alsch a bissel Milch ein Tuppe hotte troat das bleede Vieh mit dan Pfoten rei und furt woar de Milch. Nu ja, ufm Feld Apern aushacken, Riben verziehn, Heu wenden, Getreide abrotten, Mist breten.

Siegfried dar toat nu bald studiern, ei Pillnitz und oa dar Ostsee, dar kom überall rim und musst sich recht und schlecht bewährn. Mit viel Mühe woar a nu Goartenbauingenieur gewurdn.

1955 koam a nu ufs Volksgut, durt toats Unkraut wachsen und se mussten nu, woas se gelernt hatten ei doar Praxis oawenden.

Dar Helmut und dar Dieter, die toaten o derzughirn. Und mei Voater dar herte o immer de Flehe niesen, mente, „jetzt hon se ufn Gutte 3 Goartenbauingenieure eigestellt, do wird's ja ufwärts gihn. Und ener is nu sei Schwiegersuhn gewurdn.

Nu kam Siegfried in mei Labn uf aner Modenschau eim „Stadt Dresden" lerntn mer uns kennen, ar hutte so schiene blaue Ogen und klene Hände, doas toat mer imponieren. Und wenn ar mit sen Hühnerschreck oageknattert koam woarsch hie.

1957 toaten mer uns verloben. 1958, heute vor 50 Joahrn wurd geheirot. Gefeiert hon mer mit 60 Personen eim „Deutschen Haus". Der Voater hut a Schwein geschlacht und fette Rhodeländer, doas ersch wisst, doas worn Hühner. Ich gloob doas woarsch letzt Mol wens durt gutes Assen goab.

Glei zwe Joahre verheirot und ke Kind in Aussicht, o jeh, durt wird wull nischt wardn. Aber es toat sich doch woas 1960 koam Patricia, 1963 Verena. Do gibt's an Schlager: Hallo kleine Patricia und do hut mer uns fer dan Nom entschieden. Bei Verena sullts erscht Veronika wardn. Wens Jung gewoast warn hatten se vielleicht Erich, Otto oder Waldemar gehissen, aber so verrickt worn mer nu o ne.

Nu woarn mer anne Familie unds Labn nom sen Lof. Mer hutten irscht ke Fernsehn, ke Handy, ke Telefon, aber mer hutten uns. Und naben dor Landwirktschaft toaten mer Folienzelte ufstellen, Radiesl, Gurken, Blumen oabauen.

Die Kinder toaten mit Begeisterung halfen und nu sein schun Enkel do und mer kinn froh sein, doas mer olle su schiene zesomm sein kinnen mit dar Verwandschaft, mit dan

Nuppern und unsern langjährchen Freundeskreis, mit dan mer schunt zesomm nu 200 Joahre verheiroat sein. Waos sein mer doch fer Glückspilze.

Hoabsch recht?

Doruf trinken mer en – Prost olle zesammn!

Kröver Nacktarsch, 2013

Auf der Landeskrone
spazierte einst eine Frau ganz ohne.
Kam ein Mann daher und sah,
aha, hier FKK – schloss er daraus
und zog sich auch aus.
Die beiden fanden‘s ganz normal
und setzten sich in das Lokal.
Der Mann, der meinte, so das warsch
bestellte beiden „Kröver Nacktarsch“
Dem Kellner war nicht wohl dabei,
bestellte flugs die Polizei.
Und die Moral von der Geschicht,
zeig auf der Landeskrone dich nackig nicht.

Spaziergang mit Josefine, April 2010

Annemonen blüh’n
wie Sterne auf dem Gottes-Acker-Feld
Und man sollte sie anschauen,
eh‘ du gehst von dieser Welt.

Wiesenschaumkraut, April/Mai 2011, 2012

Wiesenschaumkraut schaukelt zart und fluffig
in dem kühlen Maienwind,
doch wie alles ist vergänglich,
bleibt nur ein Erinnerungsbild.

Ajuga, dieser blaue Günsel,
reckt die Blüten keck empor,
rundherum die Gänseblümchen
einzigartig, dieser Flor.

Elstern flattern, schnacken, krächzen,
in dem alten Nussbaum rum.
Nebelschwaden ziehen um die Zweige
doch die bleiben alle stumm.

Maulwurf, April 2014

Der Maulwurf in der Waschmaschinentrommel
verstarb viele Jahre nach Manfred Lommel[2].
Die Möhren, die dort eingelagert,
die hatten ihn so abgemagert.
Denn dieser kleine Erdenstürmer
fand dort gefangen keine Würmer.
Verhungerter Muli ein Malheur,
denn die Maus kam erst hinterher.
Und willst du einen Maulwurf fangen
Musst die Waschmaschinentrommel
in die Erde hangen.

Kreuz des Ostens, April 2022

Kreuz des Ostens prangt am blauen Himmelszelt.
Elegant hoch oben fliegt der rote Milan
so, als ob es friedlich auf der Welt.

---

[2]Schlesischer Heimatdichter

Die Autorin

Christel Krantz, geboren am 3. Juli 1935 in Kunnerwitz, mittags, 12 Uhr, beim Läuten der Kirchenglocken.

Sie ist Mitautorin des Buches „Görlitz und seine Umgebung“, Band 54 der Reihe „Werte der deutschen Heimat“, erschienen im Verlag Hermann Böhlaus Nachfolger, Weimar 1994.
Christel Krantz ist ein Leben lang immer in der „Heemte“ „**derheeme**“.

Die Uhr der Zeit lässt sich zurück nicht stellen,
vorwärts drängt der Zeiger ohne Rast.
(Überliefert)